Aníbal

Mehmed II

de

PIERRE C. C. DE MARIVAUX

Edición y traducción de
Lydia Vázquez

PUBLICACIONES DE LA ASOCIACIÓN DE DIRECTORES
DE ESCENA DE ESPAÑA

PUBLICACIONES DE LA ASOCIACIÓN
DE DIRECTORES DE ESCENA DE ESPAÑA

Dirección editorial: Carlos Rodríguez Alonso y Manuel F. Vieites

Títulos originales: *Annibal / Mahomet second*

© Del estudio y las traducciones: Lydia Vázquez Jiménez
© de la presente edición:
ASOCIACIÓN DE DIRECTORES DE ESCENA DE ESPAÑA

Primera edición: Junio, 2024

Publicaciones de la ADE
Serie: Literatura Dramática, nº 123

Paseo del Rey, 10, bajo A. 28008 Madrid (España)
https://adeteatro.com
correo electrónico: redaccion@adeteatro.com

Diseño de la colección: Tomás Adrián.
ISBN: 978-84-17189-59-4
Depósito legal: M-15067-2024
Imprime: Safekat S. L.
Impreso en España

Aníbal

Mehmed II

de

PIERRE C. C. DE MARIVAUX

Edición y traducción de
Lydia Vázquez

Marivaux trágico

Por Lydia Vázquez

Marivaux y su concepto de lo trágico

Muy conocido es el Marivaux autor de teatro en su país, no tanto en el nuestro, aunque las cosas vayan cambiando debido a la labor de edición de sus obras dramáticas completas por parte de la ADE, así como a ciertas puestas en escena de este lado de los Pirineos por directoras y directores afamados, sobre todo desde el esencial montaje de *La dispute* por Patrice Chéreau en París, en 1973, en el Théatre National Populaire, que nos descubrió su modernidad. El Marivaux que hoy reconocemos es el autor de comedias donde brilla el *badinage* amoroso gracias al *marivaudage*, o 'marivodaje', como dicen algunas y algunos especialistas de su obra hispanizando ese término que le hiciera célebre, para bien pero sobre todo para mal, ya en su tiempo. Ese 'marivodaje', más complejo de lo que a primera vista pueda parecer, es lo que hace de su puesta en escena, tres siglos después, un reto, sobre todo si es versionada en otras lenguas, a la sazón en castellano.

Pero, volviendo a la figura de Marivaux, mucho menos se sabe que también escribió dos tragedias, *Annibal* y *Mahomet second*, esta segunda inacabada. Y menos aún se recuerda su importante faceta como periodista y como ensayista. Empezaremos, pues, aquí, por rememorar a este último Marivaux, para acabar homenajeando —y versionando— al Marivaux trágico.

Como periodista, Marivaux comenta en distintas ocasiones, entre 1719 y 1755, tragedias contemporáneas; también cita a Corneille y Racine como trágicos, pero no se plantea la necesidad de elaborar una teoría sobre la tragedia. Sí abordará un concepto clave de la filosofía, de la estética del siglo de las Luces: "lo sublime"[1]. Para ello remonta precisamente a la tragedia, extrayendo de ella los ejemplos que le permitan superar lo sublime como concepto abstracto, metafísico, para convertirlo en una categoría estética propia de la modernidad. A su vez, este tratamiento de lo sublime lo conduce a asentar las bases de una concepción de lo trágico menos aristotélica que corneliana o incluso molieresca, superando los géneros de la comedia y la tragedia para desembocar en la idea de 'un trágico moderno' fundamentado en lo patético.

Marivaux no se siente solo en ese desafío a la tragedia clásica normativizada en exceso. Otros 'modernos' contemporáneos suyos teorizan en el mismo sentido, en particular Fontenelle y La Motte, también autores de tragedias: en efecto, mientras Marivaux compone *Annibal*, La Motte está preparando *Les Macchabées*, *Romulus* e *Inès de Castro*, y Fontenelle escribe *Idalie*. Por ejemplo, en sus *Discursos sobre la tragedia* (1730), La Motte reivindica la prevalencia de la pragmática teatral frente a la construcción teórica, y es consciente de que el "corazón del espectador" "no es esclavo de las reglas que la mente ha

---

[1] Marivaux, "Sur la pensée sublime" (artículo publicado en el *Mercure* en 1719), *Journaux et Œuvres diverses*. Eds. Frédéric Defoffre, Michel Gilot, París, Bordas. Col. "Classiques Garnier", 1988.

imaginado"[2], de suerte que podría hablarse de una 'economía de lo patético', como en el caso de Marivaux.

Así, no por casualidad el Marivaux moderno remite a tragedias de su tiempo, y no a las clásicas de la Antigüedad, para su constructo de lo sublime. Sus principales referencias son Crébillon padre y La Motte: *Electre* (1708), *Rhadamiste et Zénobie* (1711), *Sémiramis* (1717), del primero, e *Inès de Castro* (1723) del segundo. Ciertamente, Marivaux se siente muy alejado del gusto de esos contemporáneos suyos por el crimen, el incesto, el horror y la fatalidad, gusto que además exige una compleja arquitectura textual que Marivaux rechaza desde sus inicios como escritor. Por ello, si bien se apoya en ellos para alejarse de las teorías aristotélicas de la dramaturgia y acercarse a la categoría estética de lo sublime como base de la modernidad, distingue distintos tipos de 'sublime' para así singularizarse con respecto a los autores de su tiempo y erigirse en ejemplo, si no modelo, de la unicidad que caracterizará al creador moderno.

Lo sublime, nos explica Marivaux en su artículo "Sur la pensée sublime" publicado en el *Mercure* en 1719, puede ser "de pensamiento" o "de sentimiento", siendo el de pensamiento lo propio de un autor que pide a la imaginación figuras singulares, compuestas artificialmente y que son "una excepción del sentimiento general", y el de sentimiento lo que caracteriza a un autor

---

2 http://obvil.sorbonne-universite.site/corpus/critique/la-motte_tragedie/. Universidad de Paris-Sorbonne, LABEX OBVIL, 2013, license cc. ATILF, Frantext, N872 edición electrónica a cargo de Frédéric Glorieux y Vincent Jolivet. [consultado el 7 de diciembre de 2023].

que se identifica con el personaje, dejándose llevar a pintar lo que le inspira un corazón en armonía con los movimientos de la "sensibilidad general". Más adelante, Marivaux aplica 'lo sublime' específicamente a la creación trágica, llegando a una nueva distinción entre "sublime del hombre" y "sublime de la naturaleza". El primero es un arte que resulta de arreglos y convenciones, de "prejuicios de exactitud" que obstaculizan la expresión directa de la idea, de suerte que se ve la "mecánica" de la obra, las marcas del trabajo del dramaturgo; el segundo es una exposición del tema tal como lo ha visto la mente, trasladado, con la audacia de la inmediatez y el ardor de la percepción sin filtro, a una obra donde no se perciben las partes ni la manera de confección, como una traducción directa de lo que siente el alma y expresada sin artificiosidad.

Ni que decir tiene que Marivaux piensa 'su trágico' como el 'hecho' de un sublime de sentimiento y de naturaleza. Y lo busca en las tragedias de sus contemporáneos quienes, a pesar de esa temática 'negra' y esa construcción alambicada, tienen a veces 'rasgos sublimes' dignos de figurar como ejemplares. Es el caso de Crébillon padre en su *Rhadamiste et Zénobie*, en la escena del reencuentro de los dos esposos, el malvado arrepentido y la víctima pero enamorada de su marido. En cuatro versos sublimes (III, 5), nos explica Marivaux, se condensa todo el sentimiento de ambos personajes, porque el autor ha sabido atraparlo en su origen. Y si en esta tragedia Marivaux encuentra "rasgos sublimes" en algunos versos, en *Électre*, nuestro autor llega a reconocer que Crébillon padre sabe producir un "sublime de continuidad", como los treinta y cuatro versos de Electra cuando presiente la presencia de su hermano Orestes en el personaje de Tideo (IV, 2). ¿Por qué Marivaux discierne aquí un trágico sublime? Porque no se trata de un "juego de reflexión demasiado combinado" ni de "sentimientos de estudio", sino de "un sentimiento sublime que recibe un autor que se ha puesto en el lugar del personaje" y que, por ello, "adquiere unas ideas de una semejanza franca, natural y general a las que podría tener el hombre realmente interesado." El sublime surge, en definitiva, cuando el autor se identifica con el personaje, sintiendo y luego trasladando textualmente el movimiento del alma propio de la situación.

Nada más lógico, pues, que llegar a la constatación de que para Marivaux lo trágico no se sitúa en la temática sino en la manera patética de tratarla y que, forzosamente, suscita su "interés", un interés poco frecuente y que, como en la *Inès de Castro* de La Motte, "proviene no tanto de los hechos como de la manera de tratarlos". El gran arte 'trágico' es para Marivaux la "profunda capacidad de sentimiento que pone a un hombre en la vía de esas ideas tan convenientes, tan significativas, que le dicta esos giros tan familiares, tan relativos a nuestros corazones." En suma, y como afirma Jean Dagen, se produce el sublime 'trágico' o 'cómico' pero siempre 'patético', cuando "la autenticidad de lo verdadero se ve avalada por su expresión plenaria"[3].

Estas ideas sobre 'lo trágico' expuestas en 1719, las desarrollará en 1749-1750 en sus *Réflexions sur l'esprit humain à l'occasion de Corneille et de Racine*[4]. Aquí, sus dos

---

[3] Jean Dagen (2004) "Marivaux et la tragédie". *Littératures classiques* nº 52, pp. 115-125: p. 119.
[4] En Marivaux, *Journaux et Œuvres diverses*, *op. cit.*

11

autores de referencia son los dos grandes trágicos del siglo XVII francés. Su reflexión sobre estos autores permite a Marivaux, de manera más concluyente, perfilar ese convencimiento que ya era el suyo con treinta años: la tragedia 'sublime' es la que procura un acceso inmediato, como 'instintivo' a esas partes de verdad que remontan de un fondo de humanidad necesariamente universal. Pero esas 'reconstrucciones' dramáticas no pueden ser convencionales, estereotipadas, por lo que Marivaux propugna tratar "la mente en movimiento", interesarse por la sucesión de acontecimientos mentales fugitivos, de forma que no se caiga en reducir los caracteres al juego de las pasiones o a los efectos de los vicios. Así, los personajes, lejos de ser invariables, se mueven, cambian, fruto del análisis del autor de los comportamientos individuales. Algo que Marivaux demostrará en su tragedia *Annibal* pero sobre todo en sus comedias. Como también en sus novelas de madurez, porque lo que se concluye de toda esta 'poética' marivaldiana supera la división genérica.

Marivaux, autor de tragedias: *Annibal* y *Mahomet second*

Marivaux escribe su cuarta obra dramática[5], la tragedia *Annibal* (*Aníbal*), en 1718-1719, es decir, a la vez que reflexiona sobre lo sublime y lo trágico y que se estrena la tragedia *Edipo* de Voltaire (1718) con clamoroso éxito de público y crítica. Si Voltaire elige un personaje mi-

---

[5] Después de *Le Père prudent et équitable*, *Crispin l'heureux fourbe*, *L'Amour et la vérité* y *Arlequin poli par l'amour*.

tológico emblemático, Marivaux escoge un personaje histórico de primer orden, y familiar para el público de la escena de su época. En efecto, Aníbal es un personaje recurrente, no solo en la literatura clásica sino también en la de finales del siglo XVII y los primeros años del siglo XVIII, destacando *Annibal* (1697) de Dominique de Colonia, *La Mort d'Annibal* (1709) de Thomas Corneille o *Le Grand Annibal* de Georges de Scudéry (s.f.).

El *Aníbal* de Marivaux se estrena el 16 de diciembre de 1720 de la mano de los Comédiens du Roi en la Rue des Fossés Saint-Germain. Se publica por primera vez en 1727. Se retomará en la Comédie Française en 1747.

Marivaux, conformándose, aquí sí, a la regla del teatro clásico que exige que no se deformen demasiado los personajes históricos, escoge la parte final de la vida de Aníbal, refugiado en Nicomedia, para presentarlo como un general digno, generoso de corazón.

La intriga es sencilla: Flaminio, embajador de Roma, viaja a la corte de Prusias, pero sus intenciones no están claras: ¿Va en busca de Aníbal, a quien Prusias alberga y protege? ¿O bien por Laodice, quien piensa que Flaminio está enamorado de ella, como ella lo está de él? La intriga se teje a partir del hecho de que Prusias ha prometido la mano de su hija Laodice a Aníbal, pero Flaminio lo ignora. La acción progresa a medida que van desvelándose la lucidez y la rectitud moral de los distintos personajes hacía sí mismos y hacia los demás. Lo importante no es el 'hacer' sino el 'conocer', pero en realidad 'conocer' es 'hacer'. Laodice y Aníbal, honestos y francos, sin complacencia ninguna, hacen que se desvelen la mala fe de Flaminio, escudado tras la autoridad de Roma, y los intereses de Prusias. La obra se constru-

13

ye según un ritmo de revelaciones y confrontaciones que generan las expectativas de un compromiso que se desvelará vano. Así, opuesta a la concepción clásica de la tragedia donde los actos condicionan 'lo trágico', aquí es la búsqueda de la verdad, la exigencia de clarificación, lo que mantiene la tensión 'trágica'.

Por eso no hay que ver *Aníbal* como una tragedia política a la manera de Corneille, y en ese sentido, fallida, sino una obra dramática donde el fondo histórico sirve de excusa para poner en escena —o en juego— psicologías, morales, comportamientos individuales. Aquí el poder está al servicio de la denuncia de la mediocridad de Prusias y de la hipocresía de Flaminio. Y ello alcanza una dimensión metafilosófica, o metaliteraria, si se entiende la descalificación del falso discurso de Flaminio como una crítica a esos latinos que durante siglos colonizaron la tragedia.

Quizá por ello, en esta tragedia, el lenguaje paraverbal, gestual, silencioso, sea más importante que la propia palabra, como ha subrayado Diana-Adriana Lefter[6], porque en ese lenguaje reside la verdad más profunda, la que transmite el alma, el corazón, la que llega directamente al corazón del público.

De la inacabada *Mahomet second*, de la que solo tenemos cinco escenas, publicadas en el *Mercure de France* de marzo de 1747 (pp. 28-43), podemos retener la doble intriga amorosa a la manera de Marivaux, planteada como el medio de superar las diferencias de fe, algo seme-

---

[6] Diana-Adriana-Lefter (2010) "Le dire sans mots dans la tragédie *Annibal* de Marivaux", *Coulisses, Revue de théâtre* n° 40, pp. 83-96.

jante a lo que sucede en *Aníbal* con respecto al poder. Más aún, el personaje femenino de Roxana, hermana del emperador Mehmed, es una mujer ejemplar, más libre, natural, buena y sincera que las mujeres occidentales, sirviendo de modelo de una mujer futura posible, lo mismo que Laodice en *Aníbal*. Muy parecido, en suma, a lo que vemos en todas las comedias de un Marivaux decididamente moderno y feminista.

Aníbal

de

PIERRE CARLET DE CHAMBLAIN DE

MARIVAUX

representada por primera vez por los Comediantes
ordinarios del Rey, el 16 de diciembre de 1720,
y representada después el 27 de diciembre de 1747.

Traducción de Lydia Vázquez

ANNIBAL

TRAGEDIE

EN CINQ ACTES.

A PARIS,

Chez NOEL PISSOT, Quay de Conty,
à la descente du Pont - Neuf, au coin
de la ruë de Nevers, à la Croix d'or.

M. DCC. XXVII.

Avec approbation & Privilege du Rey.

PERSONAJES

PRUSIAS

LAODICE, hija de Prusias

ANÍBAL

FLAMINIO, embajador romano

HIERÓN, confidente de Prusias

AMÍLCAR, confidente de Aníbal

FLAVIO, confidente de Flaminio

EGINA, confidente de Laodice

ACTO PRIMERO

Escena primera

LAODICE y EGINA

EGINA.–
No puedo por más tiempo callaros mis alarmas,
Señora habéis llorado unas lágrimas amargas.
¿Qué asunto podría ser tan importante y serio
Para en vuestro corazón verter tristeza y tedio?

LAODICE.–
¿Conoces a aquel que Roma aquí envía?

EGINA.–
Es Flaminio.

LAODICE.–
¿Y por qué he de volver a verlo?
Sin él iba a casarme, serena, con Aníbal.
¡Oh, Roma! ¡Tu asignación a mi alma le es fatal!
Escucha, te voy a hablar, mi muy querida Egina,
Del llanto que vertía, de su secreto origen:
Tres años han pasado, desde que a este Estado
Ese mismo embajador vino a tratar con Prusias.
Yo nunca vi a un romano antes junto a mi padre.
Pensaba que de un rey el augusto carácter
Lo alzaba por encima de los demás humanos:
Pero vi que no eran iguales los romanos.
Y también vi a mi padre, ceñida su corona,
Honrar a ese romano, respetarlo en persona;
Y te diré, Egina, que por ello el romano
Ni pareció extrañado ni tampoco halagado.

Mas aquella sumisión y aquellas deferencias
Hirieron en secreto de mi cuna el orgullo.
Me costó ver a aquel rey que me trajo a este mundo,
Obviando sus derechos, cortesano en su corte,
De un monarca olvidando la necesaria audacia,
Y ante Flaminio perder su regia plaza.
Yo me sonrojé y miré al osado romano
Con ojos que marcaban un generoso desdén.
Pero sin duda alguna, del destino el capricho
Exige que ante Roma todo orgullo se incline:
Mis altivas miradas toparon con las suyas,
Y las suyas, a placer, confundieron las mías.
Dentro de mi corazón, me sentí conmovida;
Me sentí incapaz de huir, de sostener su vista.
Perdí sin pena alguna un impotente odio;
Mi humillación, Egina, me resultó muy dulce.
Olvidé ese respeto que tanto me irritara;
Hasta mi padre entonces se me fue de la mente:
Me olvidé de mí misma y solo me ocupaba
de ver y no osar ver a Flaminio en persona.
Egina, de esta historia, que tanto me avergüenza,
Te explico el misterio de cada movimiento.

EGINA.–

Del romano orgulloso, que fue vuestro vencedor,
Sin duda, a vuestra vez, llegasteis al corazón.

LAODICE.–

Ignoro a día de hoy si enternecí su alma:
Aunque la escruté por ver si dentro ardía llama;
Observé bien sus ojos por ver si algo decían,
Mas mi deseo era tal que bien no me instruían.

Creí pues que me amaba, y si por la apariencia
Es legítimo cobrar un poco de confianza,
Egina, me pareció que, durante su estancia,
En su silencio mismo estallaba su amor.
Mil diáfanos indicios me lo daban a entender:
Aunque te los dijera, no podrías comprender;
Yo misma a quien el amor supo quizás engañar,
Me doy cuenta y no puedo ni siquiera eso explicar.
Flaminio al fin se marchó, Egina quiero creer
Que ignoró mi vergüenza y también su victoria.
¡Ay! Para recuperar mi paz como mi gloria,
¡Qué dolor mi corazón ha debido soportar!
En vano, a la razón, pedí que me ayudara:
Lejos de remediarlo, mi corazón crispaba.
Cuando frente al loco ardor, sí me abría los ojos,
El rubor por ese amor me hacía amar aún más.
Dejé pues de servirme de un socorro inútil;
Solo aguardé que el tiempo me diera tranquilidad:
Y me la dio, Egina, y curada me creí,
Mas ahora me entero de que está el romano aquí.
¿Qué puedo hacer yo, dime, si el retorno funesto
De un desdichado amor encuentra en mí algún resto?
¿Seguiré enamorada? ¡Ay! Puesto que lo temo,
¿Daré por apagado el fuego en que me quemo?
¡Con razón tal alarma nace pues en mi corazón!
Y si ya no lo amo, ¿por qué verter lágrimas?
Mas, Egina, Aníbal tiene ya mi palabra:
Me hallo destinada a vivir bajo su ley.
Sin amor, eso es verdad, iba yo a someterme;
Pero su gloria luego iba a compartir con él.
Mi alma, halagada por un sino tan grande,

Pensaba que un héroe bien vale un amante.
¡Ay! si mi corazón hoy se despierta y se anima,
Seré menos esposa que infeliz víctima.
Qué me importa la suerte que ahora me aguarde,
Concluiré la boda que junto a él me guarde,
Y si yo me consumo por mi sempiterno ardor,
Egina, mi palabra tiene y fiel a él seré.

EGINA.–
Señora, ahí llega.

Escena II

LAODICE, ANÍBAL, EGINA, AMÍLCAR

ANÍBAL.–
¿Puedo sin importunar,
Esperar que un momento me otorguéis para escuchar?
No vengo por orgullo, de mi esperanza a tratar,
Ni mis tristes suspiros a vuestros pies presentar:
Los secretos del alma muy dentro se han de encerrar,
Cuando se pierde el favor para demostrar ardor.
Otro fin me trae aquí, ajeno a mi corazón,
Y me obliga a hablaros, es mi deber, Señora.
Se espera en este lugar a un agente romano,
Y vuestro regio padre desconoce su intención;
Mas yo creo saberlo. Roma a mí me persigue.
Por mí, Roma, hace tiempo, casi desapareció;
El caos, el espanto, que entonces ella sufrió
Sigue durando aún, y no se fía de mí.
Su poder no es seguro, mientras respire un hombre

Que a llegar hasta Roma pueda enseñar a reyes.
Al acogerme uno, se despierta su temor,
Y enseguida me aparta mediando un embajador;
Puedo llevar muy lejos el fragor de las armas,
Eso es lo que alimenta sus prudentes alarmas:
Del embajador será, quizá, toda su función
No escatimar en nada para alejarme del rey.
Incluso se servirá de la lengua imperiosa
Que Roma a sus enviados prescribe, orgullosa;
Y esa trampa tan burda que tiende su vanidad,
A menudo de algún rey palió la severidad.
Sea como sea al fin, mi más amable Princesa,
Del rey tenéis la estima y también la ternura:
Y yo, que os conozco, puedo bien por mi honor
Pedir aquí su uso recayendo en mi favor.
Negarse a dar ayuda a un alma virtuosa,
Es tenerla a menudo bien poco generosa.
Aníbal, designado, sí, como vuestro esposo
No se ruborizará por tener vuestro apoyo:
En fin vuestro corazón es grande para creer
Que debe ocuparse bien de sustentar mi gloria.

LAODICE.–
Sí, yo la sustentaré; y no lo dudéis, Señor,
La esperanza que albergáis, mi corazón la apoya.
La más inviolable fe que yo os he jurado
Me asocia a los azares que trazan vuestro sino.
No obstante, mi Señor, igualmente lo haría,
Si os faltase el derecho de pedirme esta ayuda.
Creed mi alma orgullosa e incapaz de soportar
Que en vano el gran Aníbal me implorara un favor.
Mas, Señor, el rey Prusias, de quien vos desconfiáis,

Será más virtuoso de lo que podáis creer:
Ya que, con mi palabra, recibisteis la suya,
Los intereses vuestros no necesitan sostén.

ANÍBAL.–
No, más nobles proyectos me han conducido hasta
aquí,
Y no me ocupa ahora solamente mi interés.
Mi nombre es honorable, Señora, y oso afirmar
Que al más ávido orgullo mi gloria puede bastar.
Aunque soy el vencido, al vencedor doy pavor:
El triunfo no vale más que mi propio infortunio.
Aunque me redujeran al más lúgubre asilo,
Se me respetaría, viviría tranquilo,
Si de un rey generoso, el cuidado y la amistad,
Y el vínculo que con vos me unirá para siempre
No llenaran mi alma de la dulce esperanza
De que mi brazo pueda un día dar las gracias,
Y que el dichoso esposo por vos así elegido
Sobre nuevos súbditos dictando vuestras leyes,
Justifique así el honor que me hace Laodice,
Al sufrir que mi mano a la suya se una.
Sí, querría, además, por hechos prodigiosos
De nosotros reparar la distancia de años,
Y con tantos laureles adornar esta vejez,
Que borrara el resplandor que tiene la juventud.
Mas mi valor en vano medita esos proyectos,
Señora mía, si el rey no resiste al romano:
No insistiré en el hecho de que el Senado, quizá,
Se vuelva gradualmente en su tirano y amo;
Y que, si vuestro padre acepta obedecer hoy,
Ese amo mandará sobre vos y sobre él;

Que se verá algún día su política injusta
Disponer de la mano de una princesa augusta,
Concederla una vez y rehusarla después,
Siguiendo su capricho o bien sus intereses,
De un cobarde aliado pagar así el servicio,
Cediéndole la mano de la bella Laodice.

LAODICE.–
Mi señor, cuando Aníbal puso un pie en estos lares,
Mi padre lo recibió cual regalo de dioses,
Y sin duda conoció cuánta era la valía
De adquirir los derechos sobre su valentía,
De tenerla por propia ligándose así a vos,
Dándoos el derecho de llamaros mi esposo.
De no ser por la guerra, nos habría casado;
Pero está muy seguro de que os soy destinada.
Que Aníbal calibre pues este proyecto del rey,
Y piense si el romano podrá disponer de mí;
Y si el Senado puede creer que algún día
De su orgulloso poder el rey quiera depender.
Pero os dejo. Viene. Vos podréis con él juzgar
Si vais a necesitar el favor de mi apoyo.

Escena III

PRUSIAS, ANÍBAL, AMÍLCAR

PRUSIAS.–
Finalmente, Flaminio va a instruirnos muy pronto
De los grandes motivos que lo traen hasta aquí.
Antes del fin del día, Señor, vamos a verlo,

Así que me preparo para ir a recibirlo.

ANÍBAL.–

Mas, ¿qué oigo? ¡Vos, Señor!

PRUSIAS.–

¿Por qué tanta sorpresa?
No hago más que honrarlo según nuestras costumbres:
Imito a mis iguales.

ANÍBAL.–

¿Y acaso no sois un rey?

PRUSIAS.–

Señor, de los que hablo son de igual rango que yo.

ANÍBAL.–

¡Qué! ¿Queréis reconocer como vuestros iguales
A unos hombres llamados reyes cuando no lo son;
Son esclavos de Roma, y su sola dignidad
Es la obra insolente de su mera autoridad;
Herederos del trono, no osan ocuparlo,
Sin que Roma primero permita tanta audacia;
En tal trono sentados, con el cetro en la mano,
Adoptan un aspecto: ciudadano romano;
Reyes que, sospechosos de gran desobediencia,
Prueban a fuerza de oro su cobarde inocencia,
Y a quienes el Senado con orden siempre fatal
Los muestra criminales frente a ese tribunal;
¿Despreciados por Roma y a la vez despreciables?
¡A esos un monarca llama sus semejantes!
A unos cuyo Senado, sin armar de soldados,
A viles concurrentes adjudica sus Estados:
Clientes que el Senado protege y castiga,

Así crece el cortejo de todos esos agentes.
Pero vos, reflexionad, al verlos tal como son,
Si debéis imitarlos en todo lo que hacen.

PRUSIAS.–

Si esos de los que hablamos viven en tal infamia,
Si libran al romano su cetro y su vida,
Ese olvido del rango cedido por los dioses,
Como vos, Señor mío, lo considero odioso:
Pero dar al Senado una marca de estima,
Dar a sus enviados una buena acogida,
Os confesaré, Señor, que no podría pensar
Que a un vergonzoso trato me pudiera rebajar;
En fin, deseo poder imitarlos yo mismo,
Pero sin desprenderme de mi rango supremo.

ANÍBAL.–

¡Qué! Señor, vuestro rango no veis sacrificado
Cuando salís corriendo a acoger un enviado!
¡Es mostrar vuestra estima, producir unas marcas
Que no creéis indignas de los grandes monarcas!
¿Os he entendido bien? ¿Con qué ojos, decidme,
Veis pues vos el Senado? ¿Y qué es entonces un rey?
¡Qué discurso! ¡Oh, cielos! ¿Y de qué fantasía
El alma hoy de los reyes está confeccionada?
Para acabar, ¿cuál es pues la magia o el veneno
Con que Roma parece alteraros la razón?
Ese orgullo del alma que sentís en el trono,
Al oír "es romano", huye y os abandona;
Y de un común acuerdo, los amos de los hombres,
Sin darse apenas cuenta, ¡respetan al romano!
¡Reyes! ¡Y a ese respeto, vos lo llamáis estima!

Ya no me extraña nada si Roma os oprime.
Mi Señor, reaccionad; romperéis el encanto
Que os hace ver un deber en vuestra degradación.
Vos reináis, y frente a vos, un mero agente avanza.
En el trono, sereno, esperad su presencia.
Y sin preocuparos si es escita o romano,
Dejadlo que hasta vos prosiga su camino.
¿Qué derecho el Senado podría pues requerir?:
¿Unos respetos que a vos no desearía rendir?
Pero, ¿qué digo? En Roma apenas un senador
De una simple mirada os concederá el honor,
Y al veros confundido con una gente oscura,
Su recepción sería peor que una injuria.
Sin embargo, vos estáis, ¡Señor!, muy por encima
De esos senadores!...

PRUSIAS.–

¡Oh, Señor!, dejémoslo.
Creí haber dado un paso de mínima importancia:
Pero si hasta estos lares el embajador llega,
Permitidme que os deje, para que, cuando menos,
Pequeñas cortesías me sirvan hoy de excusa.

Escena IV

ANÍBAL, AMÍLCAR

AMÍLCAR.–

Señor, estamos solos: ¿Osaría deciros
Lo que puede que el Cielo al momento me inspire?
Yo conozco poco al rey, mas tamaña poquedad

Parece presagiaros alguna infidelidad.
Ahora su corazón sí os sigue estimando;
Sin duda quiere seros fiel y devoto hasta el final:
Mas un rey a quien Roma impone gran respeto,
De muy poca firmeza ha de ser sospechoso.
Esos pobres apoyos os anuncian a un hombre
Lo suficiente débil para a Roma entregaros.
¿Quién sabe si el legado que esperamos hoy aquí
No viene de su parte a reclamaros por fin?
Mientras que de estos lares la marcha sea fácil,
Creedme, Señor, huid de un peligroso asilo;
Y sin esperar aquí…

ANÍBAL.–

Nómbrame unos Estados
Seguros para Aníbal más que los del rey Prusias.
Enséñame a un solo rey que no sea tímido:
Los he encontrado a todos cobardes o pérfidos.

AMÍLCAR.–

Quizá queden algunos que sean generosos:
Otra razón provoca vuestra aversión por ellos:
Y si vos no esperaseis casar con Laodice,
Puede que a alguno rindierais ya justicia.
Tened a bien, mi Señor, excusar un discurso
Que me dicta mi celo por salvar vuestra vida.

ANÍBAL.–

¿Crees tú que el interés de una amorosa llama
A tan gran extravío pueda llevar a un alma?
¿Piensas que solamente sea una cosa de hoy
Que mi corazón sepa sobreponerse al amor?
Si de sus arrebatos, joven me supe salvar;

31

Sabré mejor ahora mi vejez salvaguardar.
Querríamos en vano que nuestros corazones
A un amor imprevisto se vieran insensibles.
Es azar al que el alma siempre está sometida,
Y sin vergüenza alguna se dice sorprendida:
Mas no existe seducción, ni tampoco ternura
Que progrese en nosotros contra nuestra voluntad.
Tal fuego, lo sabemos, es de violencia extrema,
Pero quema el corazón que lo enciende en sí mismo.
Laodice es amable, e imposible resulta
Ver con indiferencia esos encantos suyos.
La boda debe darme una esposa tan bella;
Pero Amílcar, la gloria es más amable que ella:
Y jamás este Aníbal podrá la razón perder
hasta la comparación de ambas vergonzosa.
Mas me canso de pedir sin parar un asilo,
De afligir a mi orgullo por un oprobio estéril.
¿Dónde llevar mis pasos? Créeme, mi destino
Tiene que cambiar aquí, o aquí llegar a su fin.
El rey Prusias no puede dejarme abandonado:
Es débil, eso es cierto; quiere ser estimado.
Finjo que lo merece; y a pesar de su pavor,
Su vanidad, al menos, reemplazará al honor.
Si cede a los romanos, y el Cielo lo permite,
De sus crímenes mi alma sabe bien el remedio.
Queda tranquilo, Amílcar, por mí no pases miedo.
Pero salgamos de aquí. Corramos a ver al rey;
No lo dejemos solo; debemos sin descanso,
Y con nuevos esfuerzos, combatir su relajo,
Enfadarlo con Roma; y mi única pretensión
Será convertirme aquí en su asiduo testigo.

ACTO II

Escena primera

FLAVIO, FLAMINIO

FLAVIO.–

El rey no se presenta, y me cuesta entenderlo,
Mi Señor, ¿cómo este rey se atreve a hacerse esperar?
¿Desde cuándo los reyes hacen tan poco caso
De ministros legados de órdenes del Senado?
¿Pese a la gran dignidad con la que os honra Roma,
Prusias a vuestros ojos sigue sin aparecer?

FLAMINIO.–

No acuses al príncipe de tan buena acogida;
A un rey no se le ocurre esta muestra de orgullo.
Veo en ello la audacia y el consejo de un hombre
Un enemigo abierto de respetar a Roma.
El rey del deber suyo no se habría apartado;
Solo de Aníbal puede proceder este rasgo.
Prusias, creyéndose la lección que le dan con buen
tono,
Pensará que el respeto no es de uso en el trono.
Aníbal, de su rango exagerando el honor,
Siembra, con el orgullo, en su alma la revuelta.
Sea cual sea el triunfo que Aníbal de ello espera,
Un rey poco resiste cuando el Senado ordena.
El fugitivo, claro, ya se habrá dado cuenta.
Cuánto tienen sobre él sus voluntades poder.

FLAVIO.–

Mi señor, permitidme, que entienda en tal discurso.
Que vos no venís solo por el rey Artamenes,

Y que, en fin, la guerra que tiene contra Prusias
Es el menor interés que guía vuestros pasos.
Al haberos seguido, imaginé el misterio;
Pero, Señor, hasta aquí, creí deber callarme.

FLAMINIO.–
Mi amistad, ¡oh, Flavio!, te lo habría explicado,
Sin las preocupaciones que asaz me han ocupado.
Que sepas pues que a Roma conmigo Aníbal vendrá,
Y que en mis manos Prusias así me lo entregará.
De forma que aquí este es mi real cometido,
Aparte de intereses que me son personales.

FLAVIO.–
¡Qué! ¿A vos?

FLAMINIO.–
Nos encontramos solos, nada podemos fingir.
Aníbal ya demostró que había que temerlo.
Huye, está vencido, mas vencido por golpes
Que debemos al azar mucho más que a nosotros.
Y si él no hubiera antaño frenado su coraje,
Roma corría el riesgo de rendirse a Cartago.
Aunque ya está vencido, los reyes que lo apoyan
Podrían bien intentar servirse de sus brazos;
Basando la esperanza en sus proezas hechas
Y con menor espanto probar la independencia:
Roma por castigarlos se vería en aprietos,
Y sería imprudente no aspirar a evitarlo.
Nuestras águilas, en fin, tantas veces vencidas
Por el mismo enemigo que siempre halla refugio,
Que nunca temió a Roma, y que hasta la percibe
Solamente como es, y no cual se la cree,

Su osadía, su nombre y su odio implacable,
Todo hasta su derrota, es en él formidable,
Y desde hace algún tiempo, hay un rumor que corre
Que va de Laodice a ser muy pronto el esposo.
Este hecho es importante, y Roma está alarmada.
Por romper el enlace su ejército hace avanzar;
Exige preso a Aníbal, y a pesar del desprecio
Que, por los reyes, sabes, el Senado ya siente,
Su orgullo ve en peligro y hace un sacrificio,
Librando a mi esperanza de Laodice la mano.
El rey, viéndose honrado, puede olvidar sin pena
El valor de ese fardo tan pesado en este lar.
Para borrar la afrenta de semejante boda,
Tan contraria a las leyes por las que Roma aboga,
Y te lo confesaré, aunque así mi corazón
Puede que no sintiera deshonor y con razón,
Roma lo facilita y acuerda a la princesa
El título que podrá excusar mi ternura,
Haciéndola romana. Sin embargo, no creas
Que en favor de mi llama, protegeré al rey Prusias.
Roma habla por mi boca, y me ordena en persona
Que aquí haga uso con él de un extremado rigor.
Y en efecto así será.

FLAVIO.–
Mas, ¿desde cuándo, Señor,
Adoráis en secreto con tan encendido ardor?
¿La amable Laodice quizá os ha hecho saber
Que ella misma a su vez?…

FLAMINIO.–

Prusias vendrá al momento;
Cesemos; mas recuerda que nadie debe saber
Esto que mi confianza ha osado declararte.

Escena II

PRUSIAS, ANÍBAL, FLAMINIO,
FLAVIO, *séquito del rey.*

FLAMINIO.–

Roma, que os observa, y de quien la clemencia
os dispensa hasta ahora de toda su venganza,
Ha ordenado, mi Señor, que yo viniese hasta vos
A avisar del peligro en que estáis por su ira.
Vuestras armas a diario, y en mar como en tierra,
Entre Artamenes y vos renuevan una guerra.
Roma la desaprueba, y pensad que el Senado,
Señor, discretamente, ya os había advertido.
Además, un romano os hizo ya comprender
En eso qué partido haríais bien en tomar;
En fin, que deseaba que en semejantes casos
Se usara la justicia, y no se combatiera.
El augusto Senado, que sabe hacer de amo,
Aunque siempre a su pesar da las pruebas de serlo,
Creyó que al evitaros órdenes rigurosas,
No necesitaríais que os dijera: lo quiero.
Hoy manda que se os diga; yo soy quien os lo
anuncio.
Os juzgaréis vos mismo al darme la respuesta.
Así pues, cuando el perdón aún se os ofrece,

Pensad que una palabra os absuelve u os pierde.
Para alejar de vos proyectos temerarios,
Recurrid por si acaso al saludable espanto:
Ved en qué estado Roma ha dejado a esos reyes
Que de un culpable orgullo han escuchado la voz.
Imaginaos, Señor, todos esos príncipes,
Los unos vagabundos, echados de sus tierras,
Los otros abatidos, encerrados en prisión,
El que fuera su deber, muestran al universo.
Para, a vuestra audacia, imponer el silencio,
Es el espectáculo que vuestra alma precisa.
Venceréis a Artamenes, y así vuestro destino
Pondrá, así lo creo, su cetro en vuestras manos.
Pero cuando lo tengáis, ese cetro que os tienta,
¿Cómo hacer, mi Señor, con Roma descontenta?
¿Cómo haréis con el vuestro, y quién pues os salvará
De Roma que iracunda sin tregua os perseguirá?
Quedad en paz y reinad, guardad vuestra corona:
El Senado os la deja, o más bien os la entrega.
Ganaos pues su favor, haced lo que le place;
Vuestro mayor interés es obrar como os digo.
Consultad a amigos: los que son poderosos
Es como recompensa a su gran obediencia.
Sea como sea en fin, que toda vuestra ambición
Quede en el respeto al rey que respeta al protector.

PRUSIAS.–

Señor, cuando el Senado no usara de un lenguaje
Que hace a todos los reyes un tan sensible ultraje;
Si, sin aconsejarme el recurso al espanto,
Dijera simplemente eso que espera de mí;
Si, en suma, el Senado honrara por sí mismo

La frente distinguida con brillante diadema,
Creedme, el Senado, junto con su embajador,
Hablarían, seguro, con mucha más grandeza.
No me sorprendéis, Señor, y esa amenaza vuestra
Rara vez hace temblar a quien está en mi lugar.
Un rey, sin alarmarse de tal procedimiento,
Se niega si lo puede, acepta si así debe.
Es de esas acciones la razón quien decide,
Ya que el ultraje jamás lo vuelve timorato.
Artamenes conmigo, Señor, firmó un tratado,
Que, por su parte, aún no ha sido ejecutado:
Y cuando yo le insistí, supe que su ejército
De caer por sorpresa, estaba ya a punto.
Su pérfido proyecto entonces adiviné,
Reuní pues el mío, y el suyo así detuve.
¿El Senado podría aprobar la injusticia,
Y de una cobardía quiere ser el cómplice?
¿Ya no está pues su poder guiado por la razón?
¿Acaso los aliados tienen derecho a traición?
Y cuando estoy a punto de verme la víctima,
¿Defenderme, mi Señor, es cometer un crimen?

FLAMINIO.–
¿Por qué disimularnos lo que habéis perpetrado?
Ese mismo tratado, ¿vos lo habéis satisfecho?
¿Y por qué de Artamenes acusar la conducta,
Señor, ya que la vuestra solo es la consecuencia?
Habíais hecho la paz: ¿Por qué en vuestros Estados
Vos habéis conservado y sumado soldados?
¿Puede que pretendierais, aun con la solemne paz,
Dejarle a él sospechar que era engañosa,
Animándolo a adoptar una buena precaución

Que fuera un buen pretexto a vuestra gran
ambición?
Mas el Senado ha visto vuestra culpable treta,
Por eso no aceptará una frívola excusa.
Dan igual los motivos, solo vengo a estos lares
Para advertiros a vos que los vemos infames.
Pensadlo; pero además intentad defenderos
De los malos consejos que se empeñan en daros.

ANÍBAL.–

Si él escucha los míos, o si acepta mejores,
Roma se irá a proponer su esclavitud más allá.
Prusias, más indignado, seguirá la conquista
Que pronto le librará la completa victoria.
Estos consejos no son peligrosos para él,
Ni para ese Senado que está insultándolo hoy.
Si el rey contra él quiere ponerlo pues a prueba,
Yo, que os estoy hablando, yo, prometo apoyarlo.

FLAMINIO.–

El proyecto es osado. No obstante, vuestro estado
Promete, Señor, mucho, a favor del Senado;
Y vuestro pobre orgullo, reducido al exilio,
Proporciona al rey Prusias una esperanza frágil.

ANÍBAL.–

No, no, Señor Flaminio, lo estáis haciendo muy mal
Halagando al Senado siempre a expensas de Aníbal.
El estado en el que estoy recuerda una materia
Que a Roma la primera bien la avergonzaría.
¿No os acordáis de cuando en mis manos tenía
La victoria y además el destino de Roma?
Recordad aquel tiempo donde, por mí, Italia

De pánico, y de horror, de sangre acabó llena.
Ya basta de palabras, de oír tanta mentira
Sobre que mi caída se debió a los romanos.
Pues decidme, Flaminio, ¿de quién lo habéis sacado?
Hablad: ¿algún romano detuvo mi carrera?
Sin el necio reposo que se tomó mi brazo,
Romanos, no tendríais ni amigos ni enemigos.
De ese pueblo insolente, y siempre obedecido,
Al final los esclavos iban a hacer justicia;
Los reyes sometidos a su amistad soberbia,
Los verían entonces con una extrema piedad.
¡Oh, Roma! Tus destinos han tomado otro cariz.
Mi torpeza, o, más bien, mi desdén te perdonó
Despreciando progresos demasiado seguros,
Yo le dejé respirar a tu pueblo en tus muros.
Acabó salvándose, y mi sola imprudencia
De Roma decaída levantó la esperanza.
Mas esos ciudadanos, a los que no doblegué,
No son bastante vanos para ignorar mi brazo;
Y si Flaminio hablase sin ningún disimulo,
Diría que se me honra aún hasta temerme.
En efecto, si el rey aprovecha la estancia
Que les dioses permiten que yo haga en su corte,
Si osa por sí mismo emplear mi coraje,
Yo ya no pediré más a las divinidades.
El Senado, que de otro es hoy el gran apoyo,
Podrá ver el peligro llegar seguro hasta él.
Sé corregir errores; resultará difícil
Reducirme en tal caso a buscar un asilo.

FLAMINIO.–

Eso que Aníbal llama su torpeza y su desdén,
Se llamaría miedo, si su alma nos abriera.
Al menos la torpeza y también aquel desdén
tenían con el miedo un muy gran parecido;
Y al notar nuestros muros tan llenos de héroes
Tomasteis el partido de un tranquilo reposo.
¿Decís que os corregiréis? ¿Y por qué en África
Entonces no pusisteis vuestro arte en práctica?
¿Será porque faltaba a toda vuestra instrucción
Esa vergüenza de ser vencido por Escipión?
Roma, es cierto, os vio alcanzar ciertas victorias,
Y tenéis vos la razón cuando de ello hacéis gloria.
Mas son vuestras hazañas las que deben espantar
A los reyes audaces que aún de vos se fíen.
Roma, bien lo sabéis vos, en cientos de lugares
Tenía que soportar el peso de la guerra.
El universo creyó que se hallaba en peligro,
Dudó que sus esfuerzos pudieran liberarla.
El universo vio mal. El cielo lo persuadió
De que nadie podría imaginar vencerla,
Pues quiso hasta sus muros abriros un camino,
Para que la creyeran aún más cerca de su fin,
Y que la tierra después, así desengañada,
Aprendiera por siempre a sernos sometida.

ANÍBAL.–

En tan vanas palabras, veo vuestra vergüenza;
Y si queréis creerme, no continuéis así.
Iba a sucumbir Roma: su vencedor la olvida;
Ella aprovechó aquello; eso es todo el prodigio.

Todo el resto es quimera o bien pura vanidad,
Que deshonora a Roma y a eso que es su orgullo.

FLAMINIO.–

Roma de tanto desdén no quiere ya quejarse:
Con indiferencia ve a quien ya no hay que temer.

ANÍBAL.–

Deteneos y cesad de insultar a quien sufre
A un hombre que antes Roma reconoció vencedor;
Y aunque su gran fortuna superase la mía,
El gran golpe que Aníbal asestó a la de ella
Ha, al menos, de enseñar al romano próvido
Que aquel ha merecido ser respetado por él.
Me voy, pues no podría evitar responderos
A unas palabras vanas fáciles de rebatir.

Escena III

PRUSIAS, FLAMINIO, HIERÓN

FLAMINIO.–

Señor, bien me parece que no era necesario
De la entrevista tener a Aníbal por testigo,
Y vos podíais sin él, decir vuestra respuesta
A esta orden que por mí el Senado os plantea.
De tan cerca le afecta a este gran enemigo,
Que no he podido, Señor, sino explicarme a medias.

PRUSIAS.–

¡A él! Me asombráis, Señor: ¿Cuál puede ser el temor
que a Roma, que os envía, pueda tanto afectarla?

FLAMINIO.–

Roma no lo teme, no; mas en verdad su piedad
Obra para salvarnos de su gran enemistad.
Roma no lo teme, no; pero, cierto, la audacia
No le place en aquellos que ocupan vuestro lugar.
Pues quiere que los reyes se sometan al deber
Que a ellos desde hace tiempo les ha impuesto su
                                                    poder.
Ese deber es, Señor, no atreverse a perpetrar
Lo que saben que ella podría acometer;
Y jamás olvidar que de Roma los designios
Deben con todo rigor regular sus acciones;
Además, considerarse fieles depositarios
De ese poder que pierden si se hacen temerarios.
Este es pues vuestro deber, y muy mal con él
                                                    cumplís,
Cuando osáis en vuestro lar a este Aníbal recibir.
Roma, que aquí mantiene un severo lenguaje,
No pretendía, Señor, haceros un ultraje;
Si la orgullosa opinión ofende vuestra alma,
Siempre podéis contestar con más altanería.
Esa Roma se explica como dueña del mundo.
Si, en un título igual, vuestra audacia se funda,
Si os sentís protegido sin temor a sus golpes,
Siempre podréis hablarle como os habla ella a vos.
Pero la verdad es, Señor, que vos dependéis de ella,
Que, cuando Roma quiera, vuestro trono vacila,
Y para decir aún más, si así lo deseara,
Esa Roma absoluta es, y todo lo puede,
Ya sea su derecho, o bien justo o injusto,
¿Qué importa? A los dioses Roma rendirá cuentas.

Pues si el débil fuera juez a su vez del más fuerte,
Tendría siempre razón, y el otro, claro, nunca.
Aníbal está aquí, y Roma está enfadada:
¿Sobre esta cuestión podéis obviar su pensamiento?
¿Esto es, pues, imprudencia, o bien no habéis sabido
Lo que dijo a los reyes que a ella han recibido?

PRUSIAS.–
Señor, vuestras palabras, demasiado atrevidas,
Parecen querer aquí probar mi gran paciencia.
Yo siento movimientos que os sirven de consejos,
Y es que nunca despreciéis a los que son mis pares:
Los reyes, cuyo rango, donde el cielo los puso,
Los hace vencedores, y nunca tienen amo;
Y sin tener que apelar a la equidad divina,
Su ira puede juzgar si gozáis de derechos.
Yo sí honro al Senado; mas olvido su reto,
Y no pienso excusarme por esta audacia mía.
En fin creo que puedo acoger a quien quiera,
También poder ignorar dónde está vuestro interés.
Confesaré, no obstante, pues Roma es poderosa,
Que es muy ventajoso tenerla asaz contenta.
Explicaos, pues, Señor, y veamos si puedo
Hacer lo que ella exige, siendo yo este rey que soy.
Mas olvidad palabras como orden, dependencia,
Que me quitan las ganas de mayor obediencia.

FLAMINIO.–
¡Pues bien! Dignaos oír una exhortación magna:
Os exijo a Aníbal y el Senado lo espera.

PRUSIAS.–
¿A Aníbal?

44

FLAMINIO.–
Sí, mi cometido es de ello instruiros;
Pero, Señor, escuchad lo que debo añadiros.
Roma a Laodice ha elegido un esposo,
Y es una elección, Señor, ventajosa para vos.

PRUSIAS.–
¡Elegirle un esposo! ¿Y si la he prometido?

FLAMINIO.–
Del Senado en tal caso confesad la mediación.
Después de tal confesión, yo pienso que ningún rey
Os reprochará haber faltado a la nobleza.
Pero aceptaréis, Señor, que la amable princesa
Sepa por mí que Roma por ella se interesa,
Que acerca de esta elección pregunte a su corazón,
Yo en persona…

PRUSIAS.–
Pues podríais advertirla, Señor,
Admiro aquí el interés que le demuestra Roma,
Y acerca de su amistad la empresa es cosa nueva:
Mi hija ha de decidir; y yo voy a consultar
Eso que por Aníbal yo deberé ejecutar.

Escena IV

PRUSIAS, HIERÓN

HIERÓN.–
¿Roma de vuestros planes está bien informada?

PRUSIAS.–
Y podrías añadir que está bien alarmada.

HIERÓN.–
Observad también, Señor, que su ira tangible
Será, al mismo tiempo, para vos más terrible.

PRUSIAS.–
Pero, ¿tú has concebido cuál es esa perfidia
Con la que Roma quiere que mancille mi vida?
El guerrero que habría de librar este día,
Solo deseaba de mí un asilo en mi corte.
De esos juramentos de entregarle a mi hija,
De convertir su valor en apoyo familiar,
De reunir para siempre su suerte con la mía,
Soy el autor de todo, él no pedía nada.
Él es nuestro héroe, que acepta nuestra estima,
¿Va a esperar que mi alma contra él urda un crimen?
Al Senado, que quiere captar este corazón
Gracias a la situación, le produciría horror.

HIERÓN.–
No: demasiada virtud vuestra mente atribuye
Al Senado y no es así como este razona.
No os engañéis en esto: ese soberbio orgullo
Os reclama un deber, y no una cobardía.
Vos os veréis pérfido; él os verá como fiel,
Puesto que resistirle es mostrarse rebelde.
Y de hecho a esta acción que tanto horror os causa,
El riesgo del rechazo priva de la negrura.
¿Pensáis vos, en efecto, que deberíais creer
Los oscuros consejos de una gloria tan fatal?
Y esos príncipes, Señor, ¿son, pensáis, generosos,

Cuando ponen en riesgo consigo a todo un pueblo
Y sacrifican todo a la gran debilidad
De cumplir sin cuidado una injusta promesa,
Degollando sin pensar a miles de súbditos,
Y manteniendo su fe a fuerza de crímenes?

PRUSIAS.–

¡Ay! Cuando a ese héroe prometí a Laodice,
Creía que a mis súbditos les rendía un servicio.
Sabes que a veces Roma fuerza a nuestros Estados
A servirle de ayuda enviando soldados:
Pensé que, si acogía a tan insigne hombre,
Su valor frenaría la insolencia de Roma;
Y el guerrero en mi casa podría darle miedo,
Pues al conocerlo bien, me respetaría a mí;
Veo que me equivoqué; y ese mismo miedo
es el que me pone hoy en este riesgo extremo.
Pero no importa, Hierón: aunque Roma amenace,
A romper mi promesa, nada debe forzarme;
Y al menos calculemos, dada la circunstancia,
Qué puede, pues, producir mi firme resistencia.
La amenaza no es nada, eso no perjudica;
Mas para decidirnos hay que ver qué seguirá.

ACTO III

Escena primera

LAODICE, EGINA

LAODICE.–

Sí, Flaminio, el hombre que pensé que me amaba,
Y por quien me arrepiento de que me sedujera,
Egina, debe verme para obligarme a aceptar
A no sé bien qué esposo que me quiere presentar.
¡Qué ingrato! Lo temía; ahora, al pensarlo,
Todavía no sé yo si siento indiferencia;
Pero aquella inclinación que por él me sorprendió
Creo, gracias al cielo, que expira a día de hoy.

EGINA.–

Y aunque sí os amara, ¡ay!, ¿qué esperanza, Señora,
Podría en este instante tolerar vuestra alma?
Tendríais que olvidarlo.

LAODICE.–

¡Ay de mí! Desde el día
En el que por Flaminio en mí penetró el amor,
Mi corazón intentó al menos dominarlo
Y controlar ese ardor que el destino hizo nacer.
Pero de ese enemigo, ¿piensas tú que el corazón
Pueda, y con firmeza, querer ser el vencedor?
Cree que, mientras puede, combate y se esfuerza:
Mas le da miedo vencer, y quiere perder fuerzas;
Y la capitulación le es tan encantadora,
Que, para amar sin pena, él finge que no adora.
El corazón, al favor de su propia impostura,
Se libera del deber de curar esa herida.

Así fue cómo el mío alimentaba un amor
Que creció y creció al creer en un retorno cierto.
Un retorno engañoso, ¡con qué agradable aspecto!
Y tú, corazón, ardes con vergonzante llama.
Pero, ¿qué estoy diciendo? ¡Ay! No nos acordemos:
Sin temor ni esperanza, veamos a Flaminio.

EGINA.–
Conteneos, que llega.

Escena II
LAODICE, FLAMINIO, EGINA

FLAMINIO.– *(aparte.)*
¡Qué gracias veo en ella!
¡Mis ojos deslumbrados la perciben más bella!
Señora, el Senado, al enviarme ante el rey,
No limitó mi misión a parlamentar con él.
Roma, a quien la virtud siempre le fue honorable,
La vuestra distingue hoy como merecedora
De un testimonio ardiente que pueda hacer visible
Lo que por vos abriga, ya de estima, ya de amor.
Aquí no oso añadir mi respeto y mi celo
A estos sentimientos que por ella os trasmito.
No, es Roma quien habla, y, aunque la grandeza
Que me confiere el nombre de embajador romano,
Y aunque nuestro Senado consagre tal título
A anunciarse a los reyes su juez y su árbitro,
Ha creído que el deber de enaltecer la virtud
Ha de honrar la dignidad con la que me reviste.

¡Oh, Señora!, en su favor, que vuestra alma
indulgente
Favorezca al esposo que su mano os presenta.
El Senado ha escogido…

LAODICE.–

No sigáis, os lo ruego;
No me digáis su nombre: no será necesario.
Le estoy muy agradecida al Senado por su gesto;
Pero no tengo, Señor, deseo de aceptarlo.
Mas, ¿osaré deciros aquí mi sentimiento
Por la estima de Roma y por su diligencia?
¿Por qué razón, pregunto, si no es por política,
Tengo el honor de gustar a vuestra república?
Mis serenas virtudes no valen, lo sé, Señor,
Que el Senado se exceda con tan gran muestra de
honor.
Nunca habría creído que viera cual prodigio
Virtudes que mi rango, que mi sexo conllevan.
¡Qué! ¿El cielo sus gracias solo da a los romanos,
Privando de ello al alma de los demás humanos?
¿Y nos haría nacer con tan poca fortuna,
Que haga falta alabarnos por una virtud común?
Si tal es nuestra suerte, al menos ahorradnos
El honor humillante de esta vuestra admiración.
Sea como sea, pues, por miedo a ser ingrata,
¡Doy gracias al Senado, y su celo me halaga!
Mucho más aún, Señor, veo con satisfacción
La elección del esposo del que me hace donación.
Esto ya es decir mucho: semejante proyecto
Podría interpretarse como abuso de poder;
Pero quiero ser justa, y no puedo suponer

Que piense de mi suerte poder así disponer.
Su celo es la causa, y ese celo lo excusa;
Pero, Señor, alberga, una esperanza falsa;
Y me parece mucho deducir el efecto
Que produciría en mí su atención desvelada,
Si piensa que mi alma, por exceso de dicha
Vaya a sacrificarse al honor que me envía.
Demasiado acostumbro a gozar de mi rango
Con todos sus honores, como para inmutarme.
¡Cómo!, Yo me convertiría en el botín de un hombre
Que va, para obtenerme, a mendigarme a Roma;
O que por ella electo, tiene el alma tan baja
Que no osa declarar que no me ha escogido él;
¡Y ello sin mi aprobación ni la de mi buen padre!
No: sea quien sea él, no es digno de agradarme.

FLAMINIO.–

¡Oh! ¡Sin vuestra aprobación! ¡Ay, Señora! Ese esposo
Os ama y solo quiere ser aceptado por vos.
Si el Senado, los dioses y vuestro padre, el rey,
Hoy mismo decidieran una unión tan querida,
Y vos no confirmarais sus votos favorables,
Él, que tanto os ama, no querría ser feliz.
Quien por vuestro amor arde ha de ser generoso.
¿Pensáis vos que un amante que a Laodice adora
Pudiera en tal revuelta implicar su corazón,
Quisiera a vuestro pesar usurpar su ventura?
¡Ay! En aquel al que Roma hoy tiene a bien
                                        presentaros,
No veáis sino un ardor tímido y obediente,
Fiel, y que, desafiando la injuria del rechazo,
Durará, mas si debe, no se manifestará.

Perded las sospechas que os habían agriado.
Árbitro del amante que siempre os ha adorado,
Que la rabia, al menos, no tenga en este instante,
parte comprometida en el fallo esperado.
No os he dicho su nombre; mas quizá mi relato,
Y el más que vivo interés que he puesto yo en ello,
Sin explicar nada más, os hagan acertarlo.

LAODICE.–

¡Qué, Señor! ¿Seríais vos...?, Pero, ¿qué digo? ¡Cesad!,
Y no aclaréis, por favor, lo que sigo ignorando.
Me dicen que me buscan, y que Roma me honra.
El resto es un secreto que no quiero desvelar.

FLAMINIO.–

Lo habéis entendido bien; pierdo toda esperanza
He de confesároslo: os amé demasiado,
Y, por deciros aún más, demasiado os respeté,
Así que nunca caí en el crédulo error
De suponer a alguien digno de vuestra alma.
Es cierto que a mis votos el cielo, pues, propicio,
Podía en mi favor poner a Laodice:
Mas tras vuestro rechazo, que no me ha sorprendido,
No me esperaba además añadidos desprecios,
Ni que vos simularais desconocer de verdad
La infeliz inclinación que sí habéis visto nacer.

LAODICE.–

Semejante diálogo demasiado ha durado,
Señor, siento esa llama; tan tierna, tan constante;
Querría para ella más propicia la suerte,
Que mi corazón fuera mucho más favorable.
Pero no puedo, Señor; y unos lazos tan tiernos,

Aunque los deseara, no están hechos para nos.
¿Olvidáis nuestro rango? ¿El vuestro como el mío?
A vos sonroja el mío, a mí sonroja el vuestro.

FLAMINIO.–
¡Qué oigo! Yo, Señora, ¡osar estimarme más!
¿No sois una romana? ¡Sí, por tantas virtudes!
¡Ay! Si vuestro corazón compartiera mi afecto…

LAODICE.–
Señor; en vano el vuestro me está apremiando a ello;
Y por mucho que el amor sí nos uniera a los dos…

FLAMINIO.–
Acabad; ¿quién podría impedirme ser feliz?
¿Estáis, pues, prometida? ¿Acaso vuestro padre
Habría… vuestra mano?…

LAODICE.–
No busquéis causa externa.
No puedo amaros, Señor; así, vuestras sospechas
No deben ir más allá en busca de razones.

Escena III

FLAMINIO, *solo.*

FLAMINIO.–
Al final de mí huye, y Roma despreciada
Para permitir mi amor se ha rebajado en vano.
Y yo la sigo amando, tras todos los rechazos,
O, mejor, me doy cuenta de que así la amo aún más.

No obstante, no entiendo, ¿por qué se ha
                                    interrumpido?
¿Qué secreto ella iba a exponer a mi vista?
Y por mucho que el amor sí nos uniera a los dos…
¿Qué son esas palabras que han sembrado la duda?
¿Será cierto que Roma tenía un informe fiel?
¿Que Aníbal destinado estará para ella,
Y que, sin esa boda, sí que podría esperar…?
Pero, aquí, ¿en qué trampa de nuevo voy a caer?
Da igual, enterémonos; con el corazón preso,
¿Podría yo atreverme a lidiar tal flaqueza?
Llega el rey; y ahí veo a Aníbal junto a él.
Sepamos lo que puedo de ellos esperar hoy.

Escena IV

PRUSIAS, ANÍBAL, FLAMINIO

PRUSIAS.–
No sabía yo que aquí…

FLAMINIO.–
No: antes de que os escuche,
Contestad, os lo ruego, y sacadme de dudas.
Parece que la boda de vuestra hija es cierta.
¿A qué dichoso esposo destináis, pues, su mano?

PRUSIAS.–
Pero, ¿qué decís, Señor?

FLAMINIO.–
¿Acaso es un misterio?

PRUSIAS.–
Lo que estáis exigiendo solo concierne al padre.

FLAMINIO.–
Roma sí tiene interés, ya os lo tenía dicho;
Me parece que con vos este interés bastará.

PRUSIAS.–
Por mucho interés, Señor, que Roma ponga en ello,
Creeríais vos justo que su afán me coartara?

FLAMINIO.–
Abreviemos la charla. Y contestadme, Prusias:
¿Quién es, pues, ese esposo al que no queréis
nombrar?

PRUSIAS.–
Más de un príncipe, Señor, me pide a Laodice;
Mas, ¿por qué quiere el Senado que le tenga advertido,
Puesto que con ninguno me he comprometido?

ANÍBAL.–
¿De quién dependéis, Señor, que os interrogan así?

FLAMINIO.–
Y ya que respondéis vos, instruidme, os lo ruego:
¿Acaso a vos me envían? ¿Estáis en vuestro sitio?
En fin, ¿qué hacéis vos aquí?

ANÍBAL.–
Vengo a defender a un rey
Cuyo corazón grande se ha señalado por mí;
Un rey cuya fortuna es también la de Aníbal,
Y a quien vuestros excesos de orgullo le importunan.
Yo hiero vuestra vista; lo decís y lo creo;

Mas por derecho aquí estoy, y como amigo del rey.
Si no fuera bastante para estar aquí ante vos,
También soy su ministro, por tanto, él mi Señor.

FLAMINIO.–

¿Va a ser de vuestra hija enseguida el esposo,
Podría de su suerte mostrarse más celoso?
¿Qué decís vos, pues, Señor?

PRUSIAS.–

Él me expresa su celo,
Y os dice lo que inspira una amistad muy fiel.

ANÍBAL.–

Instruid al Senado, devolvedle así el pavor
Que su agente querría dar a vuestro corazón
Declaradle junto a quién vuestra fe os compromete:
Aunque sea un ultraje, yo responderé por vos.

FLAMINIO.–

¿Quién será, pues, su esposo?

ANÍBAL.–

Seré yo.

FLAMINIO.–

¿Aníbal?

ANÍBAL.–

Sí, así es, será él, pues, quien defenderá al rey;
Y puesto que su bondad me da a Laodice,
Como de su revuelta Aníbal es cómplice,
Qué mejor partido, pues, para Roma que dejar
Al rebelde que aquí veis y a su cómplice en paz.

(A Prusias.)

Señor, bien habéis visto que era necesario
Acabar confesando como acabo de hacer yo,
Además debéis juzgar, por la presión que ha hecho,
Que Roma sospechaba de nuestro compromiso.
Diré todavía más: la cuestión de Artamenes
es tan solo un pretexto al caso que lo trae;
Sin resultar pedante, estoy seguro, Señor,
De que no habríais visto sin estar yo embajador;
Que Roma mucho teme ver concluir una boda
Que me unirá por siempre a un destino, el vuestro,
Que de nuevo en mi mano deposita las armas,
Que puede que de Roma hasta exponga el destino,
Que contra ella al menos despierte un valor nuevo
Del que nunca su orgullo olvidará el estrago.
Esa Roma, es verdad, sobre mí nunca habla;
Pero sus precauciones bien delatan su espanto.
El interés que pone en torno a Laodice
De un orgullo alarmado ya veis el artificio.
Su Senado en favores liberal no sería,
Si no se tratase, pues, de acabar con Aníbal.
Desvelándoos a vos esa falsa prudencia,
No es que, penetrado por la desconfianza,
Yo quiera así espolear vuestro honor azuzado
A confirmar la ilusión que en mí habéis despertado.
No, yo merecería una amistad perjura,
Si osara, un momento, haceros tal injuria.
Y, ¿qué podríais temer al cumplir la palabra?
¿Acaso ser vencido, dejar de ser monarca?
Si del rango supremo no ejercéis los derechos,

Si lleváis las cadenas junto a vuestra corona,
Y si de vuestra estirpe vos no podéis disponer,
No podréis perder nada al perder vuestro Estado.
Pero lo defenderéis: y me atrevo a deciros
Que un rey a quien el cielo ha cedido un imperio,
Para quien cien mil brazos ya pueden reunirse,
Debe afrontar a Roma, vencerla y castigarla.

FLAMINIO.–
Aníbal vencido está; que libere su ira:
Débil divertimento de una vana quimera.
Emplead vuestro ingenio en engañar a Prusias;
Presionad; Roma ordena y jamás se disputa;
Y solo cuando hace que estalle su venganza,
Le place dar las pruebas de su absoluto poder.
La negativa a acatar sus tan augustas leyes
Nada interesa a Roma: fatal es a los reyes.
Así pues solo a Prusias en verdad corresponde
Ser sumiso a la orden que yo para él traigo.
Seguid vuestro discurso, no replicaré nada;
Pero dejadnos después un momento de charla.
Os cedo el dudoso honor de una vana querella,
Pues debo de mi tiempo dar unas cuentas fieles.

ANÍBAL.–
Sí, ya voy a alejarme, pero probadle, Señor,
Que no rinde justicia a vuestro gran corazón.

Escena V

FLAMINIO, PRUSIAS

FLAMINIO.–
Preservaos de escuchar una frívola audacia,
De alguien que se consuela así de su desgracia.
No os engañéis, Señor; Roma en el día de hoy
Sí os exige a Aníbal, mas no lo hace por rencor.
Había prohibido que se le diera asilo;
Y no por tenerle a él algún secreto pavor:
Pero no es conveniente que entre vosotros un rey
Acoja a los vencidos que proscribe su rabia.
Debéis calmarla, Señor: un ejército especial
Para aquí sorprenderos ha sido conformado;
Roma espera una señal y entrará en vuestras tierras;
El orgulloso Aníbal no podrá defenderlas.
Vos, de su desolación instrumento y ministro,
Cuyo aciago misterio no alcanzáis a penetrar,
Vos, a quien sabe embaucar, vos, pues, por quien
                                                          su orgullo
Busca, para perderos, algún escollo sonoro,
Vos pereceréis, Señor; y enseguida Artamenes,
Por su parte ayudado por nuestras propias tropas,
Despojará esa frente de su diadema real,
Confiada sin prudencia al furibundo Aníbal.
Al decir del Senado la voluntad suprema,
He hablado hasta ahora de igual manera que él;
He usado el lenguaje con idéntico rigor:
Lo he hecho, más cuán duro es para mi corazón.
Os revelaré, Señor, que amo a Laodice;
Cuán duro es pues para mí amenazar al padre.

Sí, vos veis al esposo propuesto en este día,
Cuyo amor Roma misma nunca ha desaprobado.
Yo no puedo deciros lo que podría esperar
Un rey que distinguiera a Flaminio por yerno.
Pensadlo bien, Señor, mi amor no se torna ley,
Y vos no arriesgáis nada rechazándome a mí.
Mi alma para serviros no estará menos lista;
Mas obrad por gratitud: salvad vuestra cabeza.
A pesar de mi dolor y de vuestro rechazo,
Os prometo cuidaros con eterna devoción.
Demasiado impactado por los males que anuncio,
Quizá os costara mucho darme ya una respuesta;
Pensadlo; pero sabed que después de esta charla,
Me iré si en este día vos no resolvéis nada.

Escena VI

PRUSIAS, *solo*.

PRUSIAS.‒
¡Él! ¡Ama a Laodice! Imprudente promesa,
¡Ay! Sin ella, ¡qué apoyo me aseguraba su amor!
¿Acaso debo inmolar a todos mis súbditos,
Por unos juramentos que hizo solo el orgullo?
Tú, de quien tanto admiré la fortuna pasada,
¿Sabrías vencer mejor a quienes la arruinaron?
Postrado por el fardo de la edad y del dolor,
¿Qué fruto esperas tú pues de un atenuado valor?
¡Qué tristes reflexiones, que ya no hay tiempo de
                                                    hacer!

Una vez ya perdido, es cuando veo la luz:
¡Oh, cuán inoportuna! En tan fatal momento,
Ya no es una solución, tan solo es un castigo.
Ante mis ojos veo un espantoso abismo;
O no soy más que un traidor, o deberé perecer.
Sí, aún dos partidos a mi elección se ofrecen:
Vivir como un infame, o morir prisionero.
Escoge tú, corazón. ¡Qué! ¿Temes la esclavitud?
¡Ya eres todo un cobarde con tanta incertidumbre!
Pero quizá sí pueda, ¿y por qué no?, dudar:
¡Oh, tú, despiadado honor!, veamos tus derechos.
Di a Aníbal mi palabra; ¿tengo que respetarla,
Si sé de mi pérdida, y también de la suya?
¡Qué proyecto insensato! ¿La razón y los dioses
Convierten en mi deber un furor iracundo?
¡Cielos! ¡Quién sabe! Quizá, preso de una quimera
Sacrifiqué a mi pueblo, sentencié su miseria.
No, ¡oh, ridículo honor!, en vano me has guiado:
Este pueblo te escapa, y tu encanto ha cesado.
Del partido que tomo, aunque parezca infame,
Súbditos, por salvaros, acepto la represión.
¡Dioses! Mis juramentos, los habré hecho en vano,
Voy a entregar a Aníbal, veréis, a los Romanos,
¡A exponerlo a la afrenta que Roma le destina!
¡Ay! ¿Y no valdría más entregarme a mi ruina?
¿Qué digo? ¿Mi desgracia es pues ineludible?
No, cedamos al amor del agente Flaminio.
Pero aquí llega Aníbal, y quizá su alma inquieta
Ya haya presentido lo que Roma proyecta.
Disimulemos pues.

Escena VII

PRUSIAS, ANÍBAL

ANÍBAL.–

Se ha ido el embajador.
¿Y qué órdenes son esas, si es que puede saberse?
Sin duda se tratará de nuevas amenazas.
Su Senado...

PRUSIAS.–

Quería acabar vuestras querellas;
Tan solo ha recalcado el mismo discurso,
Ya que vuestras disputas detenían su curso.
Me ha pedido la paz, y me ha hablado sin cesar
Del interés que Roma ha puesto en la princesa.
Quizá desee verla, y me voy de inmediato,
De tamaña entrevista a evitar el aprieto.

Escena VIII

ANÍBAL, *solo.*

ANÍBAL.–

Huye; lo he sorprendido en una gran inquietud;
De ello no dice nada, lo oculta con esmero.
Observémoslo todo: a la muerte no temo;
Pero yo pretendía castigar al romano.
El éxito es seguro, si ese rey timorato
Adopta mi experiencia o mi odio por guía.
Roma, de cualquier forma, espero que los dioses
Tu destino y el mío me expliquen aún mejor.

ACTO IV

Escena primera

LAODICE, *sola.*

LAODICE.–

¡Qué agradable esperanza viene a iluminarme hoy!
¡El rey parece aprobar de mi amante, el amor!
Mi promesa es la suya, él podría romperla,
Y yo sin ser criminal con mi amor me uniría.
¡Yo! ¡Sin ser criminal! ¡Ay! Sí lo soy por desear
Que mi padre me ordene tamaña infidelidad.
Abjura, pues, corazón, de tus deseos; piensa
Que eso es hacer votos para nuestra vergüenza.
Mas, ¿qué veo? ¡Aníbal!

Escena II

LAODICE, ANÍBAL

ANÍBAL.–

Por fin llega el instante
En que todo me anuncia que me espera un ultraje.
¡Un ultraje! ¡Oh, dioses! Al nombrar la palabra,
Tolerad que el orgullo se apodere de mi alma.
Ante tanto peligro, debe permitírseme,
Sin miedo a ser pedante, poder decir quién soy yo.
Necesito, Señora, que aquí vuestra memoria
De un infeliz guerrero rememore la gloria;
Y que con el recuerdo vuestra alma conmovida,
Incremente más por mí su gran generosidad.

No deseo deciros que instéis a vuestro padre
A respetar los votos que tuvo a bien hacerme.
¡Juramentos dichosos ya que me unían a vos!
Es lo que mi corazón hallaba más tierno.
Pero sé que se acabó, que Roma por fin ganó;
Mas ignoro el alcance del golpe que me asesta.
Instruid a Aníbal; solo vos estáis aquí.
Para que de sus planes pueda al fin informarse.
Del deber que, hacia mí, vuestra palabra os dicta,
Una confesión vuestra es todo lo que pido.
Vuestro corazón me es en estas vuestras tierras
El virtuoso amigo que me legan los dioses.
Se os ofrece un esposo, sin duda, mas ignoro
Lo que al rey Prusias Roma además va a exigirle.
Tiene miedo de hablarme, y bien veo, pues, que hoy
La palabra que me dio es un fardo para él,
Y he de confesároslo, mi valor se sorprende
De un plan adonde quizá el espanto lo arrastre.
Sin la tierna esperanza que retrase mi mano,
Sin mi odio por Roma, sellaba mi destino.
Habladme, pues, no temáis que mi boca traicione
El favor que mi gloria de Laodice espera.
¿Quién es ese marido que vienen a ofreceros?
¿Viviré o bien tendré que apresurarme a morir?

LAODICE.–

¡Oh! Vivid, Señor, vivid; Demasiado estimo yo
La gloria y el corazón del héroe que me ama
Para no instruirlo si alguien en estas tierras
A él le reservara una suerte injuriosa.
Puesto que se confiesa a mí este héroe,
Y que solamente a él juré que viviría,

Podéis estar seguro, sí, de que mi corazón
Alberga sentimientos que convienen al vuestro;
Y de que, imitando vuestro sublime valor,
Si debierais, mi Señor, sufrir algún ultraje,
Y si solo la muerte pudiera preservaros,
Mis lágrimas derramadas os lo habrían contado.
Pero vuestro honor aquí no las necesitará:
Los dioses me ahorrarán lágrimas tan crueles;
Mi padre es virtuoso; y si la suerte adversa
Se opusiera a los planes que él vio para nosotros,
Si por fieros tiranos su virtud atacada
Hasta fallaros a vos se ve hoy obligada,
No penséis sin embargo que pueda su corazón
De una posible traición meditar la perfidia.

ANÍBAL.–

Os he comprendido bien: la mano a mí acordada,
Para un nuevo marido Roma ya la ha pedido,
Esa es la gran atención que Roma a vos consagra.
Mas decidme, por favor, ¿amáis vos a ese novio?
¿Soportaríais por mí la mínima violencia?
Señora, hacedme el honor de esta confidencia.
Habladme sin rodeos: feliz siendo estimado,
Me parece imposible pretender ser amado.

LAODICE.–

Y sin embargo es a vos a quien doy mi ternura.

ANÍBAL.–

Y yo os la rechazo, adorable Princesa,
Pues nunca os pediré que un corazón virtuoso
Se sacrifique al cumplir un deber riguroso;
Que de tan noble esfuerzo el precio sea un suplicio.

No, no, yo os libero, y me hago justicia:
Devuelvo a este corazón cuyo amor se me debió,
El penoso presente que me hace de su virtud.
Es un corazón preso, bien percibo que ama.
Que siga su inclinación, que a sí mismo se entregue.
Si yo lo mereciera, y que ofrecerle el mío
Pluguiera a Laodice y me valiera el suyo,
Habría consagrado mi coraje y mi vida
A adquirir ese bien que yo le sacrifico.
Ya es muy tarde, Señora, y en este triste día,
Yo sería un ingrato si hiciera caso a mi amor.
Iré a ver al rey Prusias, decidido a decirle
Que al afán del Senado puede ceder su miedo,
Voy a solicitarle que aclare una sospecha
Que mi alma, inquieta, tiene con mucha razón.
Aunque quizá mi temor sea del todo vano;
Puede que nuestro enlace sea lo que le turba:
Sea como sea en fin, yo pongo en vuestras manos
Una suerte librada a la ira de Roma.
Aunque decidiese huir, el refugio es incierto.
Huir es en tal caso dar pábulo a la injuria;
Es ensalzar el crimen; y para condenarlo,
El partido seguro es quedarse a enfrentarlo.
No me importa, Señora, poder ser informado,
Del resto de secretos que he visto en vuestra alma;
Y ya no querría aquí cansar vuestro corazón
Poniéndome a preguntar el nombre del vencedor.
No, me habéis dicho todo al quedar en silencio;
No tengo necesidad de esa confidencia.
Me voy: si en este lugar solo quieren mi vida,
Vengan mis enemigos a terminar con ella.

No merece este pesar que os obliguéis a hacerme
la penosa confesión de paternas flaquezas.
Si basta con que muera, más vale que mi brazo
Ceda a mis enemigos la carga de mi muerte,
Y que, de su pánico víctima gloriosa,
Asegure, al morir, el indigno recuerdo,
Y que siempre se sepa que Roma y su Senado
Han llevado su miedo hasta el asesinato.
Mas me voy, alguien viene.

LAODICE.–
Señor, el tiempo apremia.
Pero, aunque adivinéis toda mi debilidad,
Me estimáis lo bastante como para no pensar
Que alguien pueda obtenerme después de vuestra
muerte.

Escena III

LAODICE, FLAMINIO

LAODICE.–
He creído ver en vos un alma bienhechora;
¿De mi estima colmaréis aquí la expectativa?

FLAMINIO.–
Sí, ordenad, Señora. ¿Osaría yo dudar
De la equidad de la ley que vos me vais a di

LAODICE.–
¿Os han contado a quién se destina mi m

FLAMINIO.–

¡Ay! ¡Triste ha sido ese golpe a mi amor
sorprendido!…

LAODICE.–

¡Bien! El rey, deseoso de traer aquí la paz,
Pues la guerra les privó de ella a sus súbditos,
En favor de su pueblo ha querido rendirse
Al deseo que por vos Roma le ha dado a entender.
Nuestro enlace se ha roto.

FLAMINIO.–

¡Gracias doy a los dioses,
Que alejan al monarca de un proyecto tan odioso.
Aníbal me seguirá sin duda, mas, Señora,
¿El rey no dice nada a favor de mi llama?

LAODICE.–

Señor, contento estaréis, si, en lo que os concierne,
No traicionáis vos mismo a vuestra amante en
ciernes.

FLAMINIO.–

¡Yo! ¡Traicionarla! ¡Cielos!

LAODICE.–

Escuchad lo que falta.
Vuestra misión, hoy, aquí, a mi gloria es funesta.
Ese héroe que vos exigís ahora al rey,
Pensad, Flaminio, pensad que tuvo mi palabra;
Y su seguridad se garantizó a cambio;
Así, me insultaríais haciéndole un ultraje.
Los derechos que obtuvo sí se han trasladado a vos;
Pero ese guerrero debía ser mi esposo.

Posee un carácter para mí respetable,
Del cual sigo viéndole una marca imborrable.
Salvad pues al héroe: mi mano es a ese precio.

FLAMINIO.–

Mas, ¿olvidáis, Señora, la misión que me han dado?
¿Por qué pedís un crimen como prueba de mi amor?
¿Será de vuestro odio una horrible artimaña?
¿Buscáis de mí un rechazo, para que vuestra crueldad
Lo convierta luego aquí en una necesidad?
Vuestra mano es para mí de un precio inestimable,
¡Y vos solo me la dais si me vuelvo culpable!
¡Ay! No me ofrecéis nada.

LAODICE.–

Os equivocáis, Señor;
Y es el don más querido para vuestro corazón.
Pero a decirme que no, ¿qué motivo os empuja?

FLAMINIO.–

Pues mi deber.

LAODICE.–

¿Acatáis un deber tan salvaje
Que os inspiraría aquí sentimientos indignos,
Que un tiránico orgullo osa hacer sagrados?
Aníbal, ya longevo, va a terminar su vida.
Si no muere ultrajado, ¿Roma está traicionada?
¡Pues qué deber!

FLAMINIO.–

Conocéis la grandeza romana,
Y hasta dónde se elevan sus augustos destinos.
Del universo entero miedo y homenaje son

Menos el resultado de su tremendo valor
Que un efecto glorioso de su amor por el deber,
Y ello sobre Flaminio limita vuestro poder.
Puedo engañar a Roma: a un informe alterado
Seguiría sin duda una orden menos dura:
Pero, si la traiciono, entonces le sustraigo,
La ventaja importante de ser obedecida.
Callarle de los reyes la audacia y las ofensas,
Es querer su pérdida, boicotear su poder.
A Roma la sostienen venganzas y castigos
A crímenes narrados por sus embajadores;
Por ello nuestro informe es la fuente fecunda
Del miedo que su rayo infunde por el mundo;
Y cuando ella persigue de un monarca rebelde
El temerario desdén por su gran autoridad,
El valor solamente concluye la victoria
Cuya gloria es posible gracias a un informe fiel.
Nuestras parcas virtudes se han ganado a los dioses...

LAODICE.–

¿Acaso los consultáis, romanos ambiciosos?
Esos dioses, Flaminio, dejarían de serlo
Si quisieran lo mismo que vuestro amo el Senado.
Su orgullo, sus éxitos sobre infelices reyes,
Dioses a los que Roma otorga los derechos;
Dioses crueles a los que el corazón austero
Inmola todo su amor, a un héroe y a un padre,
Y por quienes afirma que el don de mi mano
No es un bien que pudiera aceptar un romano.
Sin embargo ese enlace que vuestra alma rechaza,
Merecéis vos, ingrato, que la mía lo llore?
¿Y no respondéis nada?

FLAMINIO.–

Con gran desesperación
Voy a tener que cumplir con mi triste obligación.
He nacido romano, noble y fatal ventaja,
Que obliga a tan cruel uso de todas las virtudes.
Mirad el extravío al que mi amor me arrastra;
Gimo porque he nacido para ser virtuoso.
Pero no me avergüenzo: lo que sacrifico yo
Excusa mis pesares, o más bien los expía;
Ya que tal vez sería una auténtica crueldad
El atreverse a aspirar a mayor severidad.
Perdonad, porque os ama, a este pobre corazón,
Por esta negativa que a él mismo desgarra.
¿No os sonrojaría reinar en un corazón
Que os amara más a vos que a su palabra y su honor?

LAODICE.–

¡Ay, Señor! Olvidaos de ese honor quimérico,
Pues en verdad es un crimen, pero con otro nombre.
Pensad que un sentimiento, más justo, y más dulce,
Con un vínculo eterno va a unirme a vos por siempre.
Pero todavía hay más: pensad que a vuestra amante
Le parecerá con vos esta unión fascinante,
Y que yo deseaba haberos entregado
Este amor que sospeché mutuo y delicado.
Y debéis la confesión, hoy, de mi pasión por vos
Al héroe en peligro por el que me intereso:
Mas, Señor, ¡mi corazón con vos se ha desviado
De la simple confesión que había planeado!
Da igual; cuanto más ceda a este amor que me inspira,
Más poder alcanzaré sobre vuestra persona.
¿Me estaré equivocando, Señor, al suponerlo?
¿Os habré amado, pues, tan tiernamente en vano?

¡Suspiráis! Grandes dioses, que, así, en nuestras almas
Deseasteis encender nuestras ardientes llamas,
Contra mi propia pasión en vano he combatido;
¡Dioses! En mi corazón bien la habéis defendido.
Que una bendición sea, pero no este suplicio.
Señor, que vuestra alma lo piense seriamente.
Yo creo que no prevéis, si ahora me rechazáis
A qué horribles tormentos habréis vos de
                               exponeros.
Ahora vos no sentís más que la merma eterna
De esa felicidad a que hoy nos llama el amor;
Pero de cómo dejáis a mi pobre corazón,
No podéis imaginar el recuerdo vengador.

FLAMINIO.–

    ¡Ay! ¡Qué prueba!

LAODICE.–

    ¡Ay, Señor! ¡Triunfará mi ternura!

FLAMINIO.–

    ¡Dioses! ¡Permitid que hoy pueda ser la más fuerte!
    Pero Roma…

LAODICE.–

    ¡Ingrato! Cesad al fin de excusar un rechazo:
    Mi corazón os guarda un premio digno de vos.

Escena IV

FLAMINIO, *solo.*

FLAMINIO.–

    Huye y yo suspiro, y mi alma abatida

Casi ha perdido Roma y su deber de vista.
Vil romano, nacido para el trato amoroso,
¡Roma es pues el juguete de tu ardor vergonzoso!

Escena V

PRUSIAS, FLAMINIO

FLAMINIO.–

Príncipe, ¿albergabais, tal vez, una esperanza
De poder por el amor vencer mi resistencia?
Cuando así la combatís con esfuerzos tan vanos,
¿Sabéis qué sangre anima a todos los romanos?
¿Sabéis que dicha sangre enseña a los que anima,
No a huir, eso es poco, sino a odiar los crímenes;
Que el honor de esa sangre aún no he satisfecho,
Pues se ha unido un suspiro al rechazo que he

hecho?
Ese es nuestro deber: con nos, en adelante,
Sobre estas instrucciones, regid vuestra conducta.
Entonces, decidme pues, ¿qué tenéis decidido?
Os he otorgado el tiempo que vos habéis querido
Para tomar partido de la forma más cabal…
¡Y qué hacéis! ¿Sin Aníbal no me podéis escuchar?

Escena VI

PRUSIAS, ANÍBAL, FLAMINIO

ANÍBAL.–

Interrumpo un secreto; pero no os preocupéis:

Me voy, solo he de decir a Prusias una cosa.
Quedaos, os lo ruego; es de extrema importancia,
Que lo que él conteste vos mismo lo oigáis también.
(A Prusias.)
Sí, Laodice es mía, si es que queréis respetar
El noble juramento que en su día me hicisteis.
Pero ese juramento le pesa a vuestro valor,
Y veo que ya es hora de que os libere de él.
Jamás exigí de vos un favor semejante,
Y si hubierais sabido leer en mi corazón,
Nunca habríais osado prometerme su mano
Y no os sonrojaríais al ver que os la devuelven.
Mas todavía os queda otro compromiso más,
Que debe importarme más que el primer juramento.
Vos jurasteis entonces velar, sí, por mi gloria,
Y cierto justo orgullo me ayudó hasta a creeros,
Ya que, para cumplirla, esa palabra vuestra,
Vi, en fin, que os bastaba serviros asaz de mí.
¡Cómo imaginar, Señor, que seríais perjuro!
¿Vos, a quien Aníbal, pues, pagaría con creces;
Vos quien, si la suerte no os quisiera sonreír
Respondíais del honor de poder caer con él?
No obstante, huis de mí; el Senado os coacciona,
Y de vuestro proceder la razón no responde.
Estoy en vuestras tierras, Señor, ¿estoy seguro?
¿O acaso debo temer alguna infidelidad?

PRUSIAS.–
¿Aquí? No tenéis nada que temer.

ANÍBAL.–
Me retiro.
Hemos terminado ya, pues ya lo he dicho todo.

Escena VII

FLAMINIO, PRUSIAS

FLAMINIO.–

Lo que en este momento vos habéis contestado,
Me indica que aún hay tiempo…

PRUSIAS.–

He dicho lo debido…
Dejadlo. El Senado no podrá tener queja.

FLAMINIO.–

¡Eh! ¿Por qué, pues, Aníbal no tendría qué temer?
¿Tenéis algo que decir?

PRUSIAS.–

Señor, no me explicaré;
Mas os digo que estaréis muy contento de Prusias.
Al menos, deberíais.

Escena VIII

FLAMINIO, *solo*.

FLAMINIO.–

¿Qué será este misterio
Del cual a instruirme aquí su prudencia difiere?
Mas no importa, ¡Oh, Roma! Aprueba a mi corazón
Que desea que este rey escape a su desgracia.

ACTO V

Escena primera

PRUSIAS, HIERÓN

PRUSIAS.–
Voy ahora a retirar la palabra que yo di,
Quizá también de Aníbal cercenar el destino.
¡Oh! ¡Qué golpe asestaré a ese infeliz héroe!

HIERÓN.–
No, mi Señor, Aníbal tiene alma generosa.
De la ira del Senado, se corre la noticia;
Dicen que el enemigo forma un doble ejército.
El pueblo, asustado, murmura, y ese héroe
Debe, con su retiro, lograr nuestro reposo;
Y entonces veréis, Señor, a Flaminio suscribir
Ese temperamento que el cielo os inspira.

PRUSIAS.–
Pero, ¿si el embajador lo persiguiera, Hierón?

HIERÓN.–
Señor, alejad de vos la exagerada sospecha:
¿De las faltas del azar sois vos el responsable?
Pero ahí llega.

PRUSIAS.–
¡Oh, Dioses! Su presencia me abruma.
Me siento penetrado de vergüenza y de dolor.

HIERÓN.–
Es culpa de la suerte, no de vuestro corazón.

Escena II

PRUSIAS, ANÍBAL, HIERÓN

PRUSIAS.–

Por fin llegó la hora de romper el silencio.
¿Quién pone en vuestra mente tanta desconfianza?
Desde que aquí llegasteis, entre nosotros, Señor,
Todos mis juramentos bastante os han probado
Que de amistad hacia vos mi alma estaba llena,
Y que la conservaré el resto de mi vida.
Pero un golpe imprevisto retrasa los efectos
De esos juramentos que mi corazón hizo.
De aquí y allá contra mí vendrán mis enemigos;
La suerte obra con ellos para acabar conmigo,
Parece que el momento ella les ha indicado
En que sus armas podrán triunfar con seguridad.
El final de Artamenes estaba seguro;
Pero la gloria, Señor, es siempre mortífera,
La sangre derramada en todas las batallas,
Es tal que la victoria debilita mi Estado.
A mis propias desdichas no sería sensible;
Mas de mi pueblo entero la pérdida es horrible
Yo soy su rey; los dioses que me lo confiaron
Quieren que nuestra amistad ceda frente al peligro.
De ese peligro, Señor, vos solo sois la causa.
No deseo confiaros lo que Roma propone.
Mi corazón palpita de pánico y de ira;
Pero nuestros tiranos pueden más que nosotros.
Huid por algún tiempo, la tormenta esquivemos:
Probemos ese medio para frenar su furia;
Esperemos que el cielo, cuando nos sea propicio,

Nos deje la libertad para volver a vernos.
Sin duda que, ante vos, Prusias, excusable,
No tendrá que...

ANÍBAL.–
Sí, Señor, lo sé, sois perdonable.
Para vencer el miedo que lo tiene abatido,
Vuestro gran corazón ha hecho lo que ha podido.
Si a pesar del esfuerzo, tanto espanto reina en él,
Es de mí, que no de vos, de quien he de quejarme.
Me equivoqué, y prever debí que mi destino
Dependería con vos de la irrupción de Roma.
Sin embargo aún soy libre, y mi loca esperanza
No había merecido de vos tanta indulgencia.

PRUSIAS.–
Señor, ya me doy cuenta, culpable a vuestros ojos...

ANÍBAL.–
Otra cosa no puedo responderos ya a vos:
Pero, ¿queréis creerme? Olvidémonos ambos
De aquellos juramentos que nunca debí aceptar,
Yo me creí prudente; vos presumíais de vos,
Y ahora esos juramentos hablan contra nosotros.
No lo pensemos, pues, más. Si Roma os amenaza,
Parto, y mi retiro obtendrá vuestra gracia.
Al violar los derechos, sí, de la hospitalidad,
Del Senado excitaréis su gran amabilidad.

PRUSIAS.–
Que hacia nuestro enemigo, vuestra alma más serena,
Con esmerada atención digne poner la vista.

ANÍBAL.–

Mucho cambiaría yo, si unas cuantas legiones,
Que, harto lejos de aquí, se reúnen confusas,
Si algunos escuadrones que ya están derrotados
Me parecieran dignos de poder ser temidos.
Mas, Señor, concluyamos esta fea entrevista,
Vemos estas cuestiones muy diferentes los dos.
Parto; por algún tiempo, ocultad la noticia.

PRUSIAS.–

Sí, Señor; pero un día conoceréis mi celo.

Escena III

ANÍBAL, *solo.*

ANÍBAL.–

¡Oh! ¡Hombre desalmado, esclavo coronado!
¡A qué reyes el mundo está hoy abandonado!
¡Los cargas de cadenas, Roma!, y, lo confieso,
Su bajeza en efecto merece tu alabanza.
Pero partes, Aníbal. ¡Imprudente! ¿Dónde vas?
¿Acaso ese rey infiel no te ha vendido ya?
No cabe duda alguna, él medita ese crimen;
Pero el cobarde teme mirar a su víctima,
Y no cruzar mi vista de ojos acusadores,
Así que solo me echa para entregarme luego.
Mas, ¿quién viene?

Escena IV

LAODICE, *enjugándose las lágrimas con un pañuelo,*
ANÍBAL

ANÍBAL.–
¡Ah! Sois vos, generosa Princesa.
Lloráis: vuestro corazón cumple pues su promesa.
¡He aquí esas lágrimas, mi único socorro,
Que iban a advertirme del peligro que corro!

LAODICE.–
Sí, al final os hago el funesto servicio;
Mas de la traición el rey no habré sido cómplice.
Fiel a vuestra gran gloria, quiero garantizarla:
Y, sin embargo, Señor, debéis procurar partir.
Una información veraz me ha descubierto al traidor
Que imagina que un crimen obligará a su amo.
Es Hierón, que en secreto informa a los romanos;
En suma, os arriesgáis a caer en sus manos.

ANÍBAL.–
Debo mucho a los dioses; me han colmado de gloria,
Y tras de mí dejaré su brillante memoria.
Mas de sus beneficios, el mayor, el más dulce,
Es la última ayuda que envían gracias a vos.
Os amaba, Señora, y aún sigo amándoos,
Y me honra la confesión que aquí estoy haciéndoos.
No pude esperar nunca que me correspondierais,
Pero vuestro corazón me da tanto como amor.
Mas, ¿qué digo? ¿El amor vale igual que mi parte?
No, ese generoso me ha dado bastante más:
Recae en mí su virtud, y su gran fidelidad

Quiso incluso inmolarme la llama que lo alcanzó.
¡Cómo! ¡Estáis gimiendo, derramando lágrimas!
¡Ay, qué encanto esa pena tiene para mi orgullo!
¡Qué gran estima por mí descubre vuestro llanto!
¿Puede haber para Aníbal algún favor más digno?
Empero cesad, cesad, Laodice esos lloros;
Que el amor a mi gloria ahora los enjugue.
La muerte me arrebata a injurias de la suerte,
Y puesto que me estimáis, no lloréis, no, mi muerte.

LAODICE.–
Señor, esta confesión me está helando de espanto.
No me mostréis, por favor, esa imagen sangrienta.
Sin duda el cielo quiso disimularme el horror
De este funesto favor, deber de mi corazón.
Si tan terrible efecto hubiera imaginado,
¡Nunca jamás por aquí habría yo pasado!

ANÍBAL.–
No, os conozco mejor, y no os hacéis justicia.

LAODICE.–
Pero, Señor, permitid que haga yo un esfuerzo,
Que al rey vaya…

ANÍBAL.–
Señora, resultaría inútil;
Cada momento cuenta, voy corriendo a mi asilo.

LAODICE.–
¡A vuestro asilo! ¡Cielos! Señor, ¿y qué vais a hacer?

ANÍBAL.–
Merecer vuestro trato.

LAODICE.–

¡Qué vergüenza la nuestra!

ANÍBAL.–

No diré más; la virtud, cuando sí se la ama,
Lleva en sí el pago de las buenas acciones.
La admiración, el amor y ante todo el respeto,
Es todo lo que tengo, lo que voy a ofreceros.
Pero bien lo merecéis. Huyo, alguien se acerca.
Princesa querida adiós.

Escena V

LAODICE, *sola.*

LAODICE.–

¡Oh cielos! ¡Qué constancia!
¡Tus sagrados deberes, ministro de romanos,
Suponían ultrajar al mejor entre humanos!
Mas, ¿de qué indigno amante mi alma poseída
Con infinito placer guardaba ella la idea?

Escena VI

LAODICE, FLAMINIO, FLAVIO

FLAMINIO.–

Pero, ¡qué! ¿Huis de mí, señora?

LAODICE.–

¿Vos? ¡Dejadme!
Acabad cuanto antes vuestro bárbaro empleo:
Asestad otro golpe al honor de mi padre;

Merecéis la cólera del cielo al que desafiáis.
Mi llanto va a pedirle que otorgue a mi corazón
El perdón por un amor que debe aborrecerle.

Escena VII
FLAMINIO, FLAVIO

FLAMINIO.–
Habría preferido seguir ignorándola,
La confesión de un amor que vuestra alma aborrece.
Prosigamos nuestro plan. Flavio, vete a preguntar
Si sin ningún testigo Aníbal quiere verme.

Escena VIII
FLAMINIO, *solo*.

FLAMINIO.–
Bien he cumplido el deber que imponía tu causa;
Déjame someterme a la voz de la virtud,
Permite a mi corazón, Roma, nutrir su llama,
Pues sin crimen puede ser tierno y generoso.
Puedo, sin ofenderte, probar a Laodice
Que aunque no se me deje rendirle a ella un servicio,
Sensible sin embargo a su justo tormento,
De suavizarlo ocupo ahora mi corazón.
Aníbal viene: ¡Cielos! Lo que sacrifico yo
Bien vale que a oírme tu bondad te convide.
El motivo que tengo para persuadirlo a él
Es digno del éxito que oso solicitar.

Escena IX

ANÍBAL, FLAMINIO

FLAMINIO.–

Señor, quiero esperar que, olvidándonos los dos
De lo que puede amargar mi carácter y el vuestro,
Y reconociéndonos, como hombres generosos,
La estima que en el fondo ambos nos merecemos,
¿Me permitiréis aquí que os hable de un proyecto
Que para vos acaba de imaginar la mía?

ANÍBAL.–

Señor, si vuestra estima ha ideado el proyecto,
Aunque resulte vano, yo ya lo doy por bueno.

FLAMINIO.–

Lo que Roma me pidió que hiciera en este lugar,
Puede que para Aníbal sea aún un misterio.
Señor, he venido aquí para pediros al rey;
No debéis enojaros conmigo por tal razón.
Ese era mi deber; lo he cumplido con celo;
Vos mismo me aprobaréis puesto que habré sido fiel.
Prusias, retenido pues por su palabra dada,
Piensa que bastaría con vuestro alejamiento.
Ha creído que Roma quedará satisfecha,
Y no exigirá nada después de ese retiro.
Yo podría aceptarlo, y podéis imaginar
Que me sería fácil seguir tras vuestros pasos;
Sobre todo que Hierón a mi escolta romana
Promete revelarle la fecha de la huida.
Mas, Señor, al Senado le interesáis menos vos
Que saber que el rey aquí cumplirá con su deber:
Y el universo celoso, cuyo ojo nos contempla,

Perdería el ejemplo de lo que es la sumisión.
Pues me he negado a todo, y entonces el rey Prusias,
Tras haber intentado inútiles esfuerzos,
Para poder darme al fin su respuesta precisa,
Me ha pedido tan solo una hora de plazo.
Señor, estoy seguro de lo que decidirá,
Y, en suma, el príncipe sí os abandonará.
Si ha pedido tiempo, no es porque esté dudando;
Mas de su vacilación hace él un mérito.
Cree que así quedaréis contento de su virtud,
Cuando al fin os enteréis cuánto habrá resistido.
Y vos, que hasta hoy en día el destino persigue,
Caed, mas como un héroe, procurando caer bien.
Vos sí lo sois, Aníbal, y me alegra admitirlo.
Practicad las virtudes que el nombre exige de vos.
¿Esperaríais aquí a sufrir la violencia?
No, no; que una soberbia y absoluta confianza,
Digna del enemigo que os habéis buscado vos,
Y a quien honraréis así, con acto generoso,
Os anime a la huida al seguro refugio,
Donde en su día, Señor, presagiasteis la injuria,
Llevándoos hasta Roma, y os arroje a unos brazos
Fieles, que no perjuros, como los del rey Prusias.
Es esta, Señor, esta, la caída orgullosa
Que corresponde escoger a un osado guerrero.
En la situación vuestra, es el único escollo
Donde, aunque se rompa, perdura vuestro orgullo.
No lo dudéis más, venid; acabad de conocer
A esos vencedores que, seguro, apreciáis ya.
Puesto que antaño, Señor, vos supisteis vencerlos,
Eso es una razón más para querer honrarlos.
Mostrádselo, Aníbal; que vaya a convencerlos
Un vencido tan noble que mereció vencerlos.

Partamos sin dilación; venid a hacer de ellos
De una acción tan insigne grandes admiradores.

ANÍBAL.–

El partido es sin duda glorioso para tomar,
Y con gusto sin duda yo lo acabo de escuchar.
Me complace. Aníbal tiene, sí, un corazón
Capaz de tales muestras de honor y de grandeza,
Y creo a los romanos, hasta tras mi derrota,
Dignos de que en sus muros yo buscase un refugio.
No quedaba para mí, sitiado por la suerte,
Más asilo que elegir que Roma o la muerte.
Pero está decidido, pienso que la última
Con honor suficiente concluye mi carrera.
La ayuda del veneno…

FLAMINIO.–

Lo había presentido:
Del héroe desarmado, el último partido.
¡Ay! Dejad que un romano, cuya estima es sincera,
Lamente ahora el honor que podíais hacernos.
El rey se acerca. ¡Cielos!; y su hija llorando.

Escena X y última

TODOS LOS ACTORES

PRUSIAS.– *(A Aníbal)*

Señor, ¿sería verdad lo que Amílcar nos dice?

ANÍBAL.–

Prusias (ya que no creo que un hombre tan cobarde
Como para no osar desoír al romano,

Infiel a su alto rango, a su palabra, a mí,
Vaya a esperar que Aníbal digne ver en él a un rey),
Prusias, ¿acaso pensáis que mi muerte os librará
Del azar que conmigo habéis temido seguir?
Aunque me hubierais puesto entre enemigas manos,
¿Qué fruto podíais vos esperar del romano?
¿La paz? Os equivocáis. Roma va a demostraros
Que hay que merecerla para osar pretenderla.
No, no; del miedo esclavo sois vos, y declarado,
A infinitas desgracias os habéis entregado.
¡Ay! ¡Cómo os compadezco! Yo solamente muero.

(A la Princesa.)

De la mayor desdicha vos me habéis preservado,
Y expiro más que honrado en brazos de la virtud.
Querida princesa adiós.

LAODICE.– *(A Flaminio.)*
Por fin Roma ha vencido.
Muere, y la injusticia ya habéis consumado,
¡Bárbaro! ¡Y vos osáis pedir a Laodice!

FLAMINIO.–
A pesar de la ira que hay en vuestro corazón,
Más ecuánime un día, os apiadaréis de mí.
Si por vuestro rechazo mi ternura suspira,
Es verdad que lo entiendo, y tenéis el derecho.
Una dulce esperanza me trajo hasta este lugar;
Yo que no soy culpable, ¡ay!, de aquí salgo odioso.

FIN

Mehmed II

de

PIERRE CARLET DE CHAMBLAIN DE

MARIVAUX

"Ensayo de una tragedia"
(*Mercure de France*, marzo de 1747).

Traducción de Lydia Vázquez

PERSONAJES

IBRAHIM

IRENE

ROXANA

MEHMED

TEODORO, padre de Irene

LÁSCARIS, hermano de Irene

ACTO PRIMERO

Escena Primera

IBRAHIM, IRENE

IRENE.– ¿Qué queréis de mí? ¿Qué motivo puede haber para que hablemos vos y yo?

IBRAHIM.– ¡Cómo! Señora, ¿la bella Irene ya no me reconoce?

IRENE.– Antes de las desgracias que cayeron sobre mi patria, conocía a un príncipe que se llamaba Comneno, que procedía de una ilustre estirpe aliada con la mía, pero ya no lo reconozco en la persona del Favorito de Mehmed, infiel a su Dios y capaz de cometer la ignominia de llamarse Ibrahim.

IBRAHIM.– Es cierto, Señora, mi condición ha cambiado; Mehmed me hizo prisionero: reducido a la elección de la esclavitud o el turbante, agobiado por la miseria de mi situación, sin esperanza de escapar de ella, rodeado por las ruinas de nuestro Imperio, del que solo queda Constantinopla asediada y que caerá a su vez, lo confieso, Señora, sucumbí. Cedí a las ofertas del Sultán, me convertí en Ibrahim y ahora me despreciáis. No tengo nada que contestaros: estáis en la situación en que me hallaba yo. Cautiva del Sultán como yo, expuesta a unas cadenas aún más penosas; no me refiero al peligro de una muerte sangrienta; en el caso en que os encontráis, nuestros semejantes la pedirían como gracia, y a nosotros se nos niega; solo podemos alcanzarla en la languidez de la servidumbre, y únicamente se nos hace expirar abandonándonos al suplicio de vivir. Tras dicha prueba os espero, Señora, es la que pudo con mi valor; si el vuestro soporta el embate, entenderé entonces que me encontréis despreciable.

IRENE.– Dejadlo, Ibrahim, no intentéis atemorizarme, habéis renegado de vuestro Dios, no hagáis de Él vuestro enemigo hasta el punto de perseguirlo en los demás, no le envidiéis los corazones que guarda para Sí. ¿Por qué me tentáis? ¿Por qué exagerarme el peligro? ¿Es vuestro crimen el que hace que odiéis mi inocencia? Solo os considero culpable, ¿debería añadir la desdicha de que os hayáis vuelto malvado?

IBRAHIM.– Vuestro celo es injusto, Señora, y esa ira que no merezco…

IRENE.– En el odioso estado en que os veo, cuando solo sospecho de vos, estoy siendo indulgente. Acabemos esta entrevista; habéis venido a hablar conmigo: ¿Esto es todo lo que teníais que decirme?

IBRAHIM.– Habéis enternecido el corazón del Sultán, Señora; su amor, si sabéis cuidarlo, puede alzaros hasta el rango de esposa, que sus semejantes no conceden a nadie, y por la esperanza que yo mismo concebía con ello, no he podido negarme a informaros acerca de sus sentimientos y transmitirle los vuestros.

IRENE.– *(Aparte.)* ¡Dios mío!!

IBRAHIM.– ¿Qué queréis que le conteste?

IRENE.– Nada; no podría encargaros a vos de mi respuesta.

IBRAHIM.– ¿Qué motivo os lo impide, Señora?

IRENE.– La compasión que siento ahora por vos; sería incapaz de prestarme al envilecimiento al que os somete Mehmed; no estáis hecho para servir a sus amores y mi propia indignación me impide cometer la villanía que me pedís.

IBRAHIM.– ¿Qué afrenta, qué deshonor supone para mí, Señora? Solo siento en esto la injuria que me hacéis: os he comunicado que el Sultán os ama, y, como os he dicho, es porque quiere proponeros su mano, al menos es lo que he creído entender, y por eso he venido a hablaros, solo para consolaros.

IRENE.– ¿Consolarme a mí, Comneno? ¡Ah! ¿Y cómo pensáis que mi corazón pueda sentir la menor alegría? ¿Qué puede ocurrir ya que me afecte? La desolación de mi Patria, ¿es un mal sueño? ¿No han perecido mi padre y mi hermano? ¿Acaso salen los muertos de sus tumbas? ¿Qué más puede interesarme en esta tierra? Bienes, honores, libertad, parientes, amigos, todo ha desaparecido para mí. Ahora todo es ajeno a Irene.

IBRAHIM.– Puede que lo que más queréis siga aquí.

IRENE.– Yo no veo más que un tirano que me tiene cautiva, a unos bárbaros que me rodean y a un Ibrahim que se burla de mi dolor.

IBRAHIM.– Tranquilizaos, Señora, ese padre y su hijo que vos lloráis…

IRENE.– ¡Ay, cielos! Concluid, Comneno, explicaos, sería cruel engañarme.

IBRAHIM.– ¿Y si el Cielo os los hubiera conservado?

IRENE.– ¡Qué! Comneno, ¿seguirían vivos? ¿Será posible? ¿Viven? ¿Los habéis visto? ¿Se me permitirá verlos?

IBRAHIM.– El Emperador no me ha dicho más, y sin duda solo a él le está permitido contaros el resto.

IRENE.– Pues bien, Comneno, corred a hablarle, rogadle que apremie mi alegría, que me los muestre, que se rinda ante mi impaciencia; Le perdono todo si los veo aparecer: alguien viene, me retiro, sed sensible a mi inquietud, y volved a calmarla si es que no me estáis mintiendo.

IBRAHIM.– No esperaréis mucho, Señora.

Escena II

IBRAHIM, MEHMED, ROXANA

MEHMED.– ¿Es Irene la que se aleja, Ibrahim?

IBRAHIM.– Sí, Señor, ya sabe que la amáis y me ha parecido que se enteraba sin enfado; no es que su corazón se comprometa ya con el vuestro, pues, claro, sufre, es cristiana, gime por unas desgracias que debe a vuestras victorias, y sin embargo se ha apaciguado al oír el relato de vuestro amor. Pero no os lo he dicho todo: cuando le he dado a esperar que podíamos devolverle a ese padre y ese hermano a los que llora, su gratitud por esa buena noticia me ha sorprendido; es como si buscara un motivo para no odiaros: olvido todo, le perdono todo, ha exclamado, en un arrebato de su corazón que se reconciliaba con vos, y me he encargado de advertirla cuando llegara el momento de poder verlos.

MEHMED.– Entonces no os demoréis, Ibrahim, id a asegurarle que están vivos y que me son muy queridos, y corred a ordenar que los traigan aquí en el instante mismo en que se presente Irene.

IBRAHIM.– Señor, estaban encadenados cuando los reconocí; ¿queréis que ordene que los traigan en ese estado?

MEHMED.– Sí, quiero que Irene los libere ella misma, es un placer que reservo a su ternura.

IBRAHIM.– Vuelo a ejecutar vuestras órdenes, pero, Señor, mientras prodigáis con ellos vuestros favores, dignaos recordar que a mi vez espero de vos mi felicidad, y que me habéis prometido obtenerla de esta princesa, y que mi corazón…

ROXANA.– Ignoro las promesas que os ha hecho el Emperador, pero si soy yo el objeto de tal interés, espero no que las cumpla sin mi consentimiento, y su bondad es mi garantía.

MEHMED.– Ibrahim, sabéis que os quiero y que mi trato de favor debería bastaros; odio los deseos inoportunos; marchad, dejadme a mí el cuidado de haceros dichoso y no pretendáis interferir en las gracias que os tengo reservadas.

Escena III

MEHMED, ROXANA

ROXANA.– Os confieso, Señor, que las palabras de Ibrahim me han asustado: dignaos instruirme acerca de lo que él osa esperar.

MEHMED.– Tenía intención de proponéroslo por esposo; acabo de someter a los cristianos a mi Imperio, he triunfado por las armas pero, por muy vencedor que sea, no los considero súbditos míos, no son todavía más que enemigos vencidos, a quienes mi victoria impone un tirano al que temen y no un Señor al que respetan. Me obedecen con un miedo salvaje que siempre es origen de revueltas, y quería ganármelos por el honor que habría concedido a Comneno; es, según dicen, de una estirpe que estiman, pero he cambiado de opinión sin renunciar a mis planes. No, ya no es a él a quien debe prometerse vuestro corazón, y vuestro hermano os lo pide hoy para concedérselo a otro.

ROXANA.– Mi corazón se resistía a Ibrahim, pero mi mano le habría entregado si me lo hubierais ordenado; con esto queda claro que podéis disponer de ella como os plazca; pero, decidme, Señor, ¿podría saber a quién queréis que se la entregue?

MEHMED.– Lo que va a suceder os informará de ello, Roxana, pero, ahora que estamos solos, no me escondáis nada. Vos estabais conmigo cuando trajeron ante mí a los dos cristianos que, según se me asegura, son, respectivamente, el padre y el hermano de Irene. ¿Qué pensáis del segundo? Vi que vuestros ojos se posaban en él.

ROXANA.– Su suerte me impresionó, Señor, me compadecí de él por ser tan joven y ya cautivo.

MEHMED.– Responded con franqueza: a las gracias de la juventud une una fisonomía noble y conmovedora, y os habéis dado cuenta de ello.

ROXANA.– Vos le hablasteis, Señor, y yo escuchaba.

MEHMED.– Eso no fue todo, sus propios ojos estaban clavados en vos, fue sensible a vuestros encantos.

ROXANA.– No sé qué sentido tiene esta conversación, que me turba.

MEHMED.– Os sonrojáis, no os conmino a que me confeséis nada más, me basta con que hayáis entendido lo que quería comunicaros, y esto es lo que me queda por deciros: Hasta aquí yo había sido insensible al amor; el feroz orgullo de vencer, el honor de atemorizar a los pueblos y de subyugar Estados, el tumultuoso placer de la guerra y de la matanza, y también todo lo terrible que conlleva la gloria de los héroes, eso era lo que me gustaba; no veía otros placeres dignos de colmar un alma que nos viene del Cielo y cuyas inclinaciones, pensaba yo, debían ser tan soberbias como su origen. Al mismo Dios se le conoce como el Dios de todas las batallas, se le representa con un rayo en la mano; nada nos impresiona más que su poder y yo creía que, siguiendo su ejemplo, para ser el más feliz de los hombres tenía que ser el más terrible. Me equivocaba, Roxana; Irene me desengañó. La verdadera dicha no se encuentra ni en la victoria ni en el terror que se siembra después. Esa sangre que tiñe nuestros laureles, esos estragos que asolan la tierra, y los gemidos de los pueblos contaminan nuestros placeres con una especie de funesta desazón que los corrompe. En ocasiones he sentido en mí mismo a la naturaleza entristecerse ante mi lúgubre victoria y condenar la alegría que mi orgullo osaba sentir por ello. ¡Qué diferente es el placer de amar, Roxana! ¡Qué dulce complicidad entre el amor y nosotros! Se diría que nuestros corazones, cuando aman, han encontrado la auténtica felicidad. He sentido los límites de los demás placeres, ninguno me ha penetrado por completo. El fondo de mi corazón siempre les resultó inaccesible, siempre lo dejaron solo. Únicamente el amor lo ha colmado, solo él ha vertido en mi alma una ternura tan inagotable como mi deseo. Desde que estoy enamorado, ya no me reconozco a mí mismo, he perdido ese orgullo feroz que me hacía tan formidable: me veía solo en medio de los hombres; la humanidad temblorosa solo dejaba esclavos a mi alrededor, sin concederme ningún corazón que pudiera asociarse al mío; estaba como exilado en el trono. Todo ha cambiado, Roxana; parece que mi amor haya hecho las paces con todos los corazones: se acercan, me perdonan; así es como lo siento, en fin, todo me parece digno de ser amado, y creo que yo también lo soy ahora. ¡Ay! Roxana, si tal es mi suerte en este momento porque amo, ¡qué sería si fuera amado!

ROXANA.– ¡Amado, Señor! ¿Cómo no ibais a serlo, vos que en la edad más apuesta, os mostráis ya como el más grande de los hombres, vos a quien el universo entero honra con su respeto y su admiración? Preguntad a vuestros semejantes, Señor, no hay orgullo que pueda compararse con el don de su corazón, y si vuestra elección recae en Irene...

MEHMED.– ¡Oh! ¿Quién sino Irene podría haber triunfado sobre Mehmed? Había sido reservado para someterme únicamente a la persona más perfecta con que el Cielo haya honrado esta tierra. Solo la vi un instante entre los cautivos; su pena la embargaba, sus ojos estaban bañados de lágrimas. En ese estado una de sus miradas se detuvo en mí; esa mirada asombró a mi alma altiva, me turbó, me humilló y me volvió más suplicante que ella. Vengó en su corazón el dolor del suyo, me castigó con su victoria, me condenó como lo haría un tirano y me dejó presa de un enternecimiento que solo desapareció para transformarse en el amor más violento que haya existido jamás. ¿Lo creeréis, Roxana? Aún no me he atrevido a reaparecer; tenía miedo a sus ojos, que ya me reprocharon sus lágrimas. Apesadumbrado por el crimen de haberla afligido, no me sentía digno de volver a verla y me ocultaba a su ira, a la espera de que el tiempo me volviera más soportable a su odio, pero por fin ha llegado el momento: se ha descubierto a esos dos cristianos que ella creía muertos; voy a devolvérselos y me atreveré a mostrarme a ella gracias a esa buena acción. En cuanto a vos, Roxana, que ves el entusiasmo que demuestro en agradarle, necesito que vuestro corazón me ayude a triunfar. Veo que nos traen a Irene, y lo que voy a hacer os informará del servicio que os pido.

Escena IV

MEHMED, ROXANA, TEODORO, *padre de* IRENE, *su hermano* LÁSCARIS, IBRAHIM, IRENE

(Teodoro y Láscaris aparecen encadenados.)

IRENE.– ¿Dónde estoy? ¿Adónde me conducís? *(A Ibrahim.)* ¡Cruel, me habéis engañado!

(Y luego, al ver a su padre y a su hermano que traen por otro lado.)

¡Cielos! ¡Ay, padre mío! ¿Es a vos a quien abrazo? ¡Sois vos, hermano mío! ¡Por fin os encuentro! ¡Y los dos languideciendo entre grilletes! *(A Mehmed.)* ¡Ay, Señor!, vos que me los devolvéis, ¿por qué vuestra bondad me sigue causando tanto pesar? ¡Ay, están cautivos! ¿Por qué mezclar tanta amargura con mi alegría?

MEHMED.– *(yendo a liberarlos.)* Saboreadla pura, y que desaparezcan sus cadenas; venid, Irene, ayudadme vos misma a liberarlos, y que vuestras manos se unan a las mías para reparar el ultraje.

TEODORO.– ¡Cómo, vos en persona, Señor!

MEHMED.– No me lo impidáis, la generosidad es un derecho del vencedor, recibid ambos lo que hago como prenda de mi amistad y de los honores que os destino: vuestro Imperio está ahora bajo mis leyes y mis victorias os han costado suspiros; encadenados, erais libres de odiarme, y aún lo sois, pero si sois generosos, no lo haréis por mucho tiempo, mis buenas acciones responden de ello; y vos, Irene, a quien devuelvo un padre querido, olvidad por fin vuestras desgracias y dignaos a seguirme junto a él, venid a ver cómo muestra Mehmed a los suyos hasta qué punto os honra. *(A Láscaris)* Vos, joven cristiano, sobre cuya frente veo reflejadas tanta valentía y tanta nobleza, esperadlo todo de mi estima, no cerréis vuestro corazón a ninguna esperanza pues nada pongo por encima de su audacia, de hecho, vos ya no me pertenecéis. *(y mostrándole a Roxana)* Esta Princesa os ha liberado de mis cadenas, podéis cambiar de amo. Os dejo con ella. Salgamos.

Escena V

LÁSCARIS, ROXANA

LÁSCARIS.– Vos ya no me pertenecéis y os dejo con ella; ¿qué pueden significar esas palabras? No me atrevo a interpretarlas, Señora.

ROXANA.– El Emperador se ha explicado con claridad, ya no le pertenecéis.

LÁSCARIS.– Me ha permitido cambiar de amo y me postro a vuestros pies para obtener que os pertenezca a vos. Si consentís, mi suerte me parecerá mejor que la del Emperador.

ROXANA.– Levantaos, Láscaris.

LÁSCARIS.– No os ofendáis por este arrebato que se me ha escapado; ante tanta belleza, no hay razón que no se extravíe.

ROXANA.– No, no me ofendéis, os creo digno de mí, Láscaris, me parecéis virtuoso, y el orgullo verdadero no puede desdeñar un corazón como el vuestro; no desprecio, pues, vuestro homenaje. ¿Os diré más? Lo aprecio.

LÁSCARIS.– ¿Qué oigo? ¡Oh, Princesa!

ROXANA.– Me compadecí de vos nada más veros.

LÁSCARIS.– Entonces desde ese momento he sido el más feliz de los hombres; ¡Cómo! ¿Roxana se compadeció de mí?

ROXANA.– Roxana deseó el fin de vuestros infortunios. ¡Ojalá se hayan terminado por fin! ¡Ojalá el Cielo escuche mis plegarias! Pero volvamos con el Emperador; Irene apenas os ha visto y su cariño os aguarda, sin duda, con impaciencia.

ÍNDICE

PUBLICACIONES DE LA ASOCIACIÓN DE DIRECTORES DE ESCENA

www.adeteatro.com

Últimos títulos publicados

Serie: «Literatura dramática»

Nº 120 "MI PADRE, UN *KULAK* SOCIALISTA"
de Tone Partljič

Nº 121 "LA DISPUTA"
de Pierre C.C. de Marivaux
Edición y traducción de Claudia Pena y Lydia Vázquez

Nº 122 "LUCES, LUCES, LUCES / SEPTIEMBRE"
de Evelyne de la Chenelière
Edición y traducción de Rosa de Diego

Serie: «Literatura dramática iberoamericana»

Nº 79 "¡CÓMICOS!" y "¡MÁQUINAS!"
de Álvaro Orriols
Edición de Antonio Espejo Trenas

Nº 80 "LA ODISEA SEGÚN MARCO MANICIO"
de Agustín Iglesias

Nº 81 "AMBIENTE FAMILIAR (MÍNIMO 2 NOCHES)"
de Aitana Galán y Jesús Gómez Gutiérrez

Nº 82 "LOS AMANTES SARNOSOS"
de Agustín Iglesias

Nº 83 "ANTÁRTIDA"
de Raúl Hernández Garrido

Serie: «Premios Lope de Vega»

N° 22 "LA FELICIDAD DE LA PIEDRA", de Alberto Miralles
"LOS BRUJOS DE ZUGARRAMURDI", de Fernando Doménech
Edición de José Gabriel López-Antuñano

N° 23 "PICOSPARDO'S", de Javier García-Mauriño
"NO FALTÉIS ESTA NOCHE", de Santiago Martín Bermúdez
Edición de Julio Checa Puerta

N° 24 "EN EL HOYO DE LAS AGUJAS", de José Luis Miranda
"RECREO", de Manuel Veiga
Edición de Salomé Aguiar

Serie: «Premios de Teatro Rafael Dieste»

N° 10 "FOOTING" / "FOOTING"
de Gustavo Pernas Cora (Edición bilingüe galego-castellano)
Edición de Manuel Forcadela

N° 11 "MATANZA" / "MATANZA"
de Roberto Salgueiro (Edición bilingüe galego-castellano)
Edición de Roberto Pascual

N° 12 "A CIENCIA DOS ANXOS" / "LA CIENCIA DE LOS ÁNGELES"
de Imma António (Edición bilingüe galego-castellano)
Estudio preliminar de Manuel F. Vieites

N° 13 "FINAL DE PELÍCULA" / "FINAL DE PELÍCULA"
de Gustavo Pernas Cora (Edición bilingüe galego-castellano)
Edición de Manuel Forcadela

Serie: «Teoría y práctica del teatro»

N° 37 "ERWIN PISCATOR: TEATRO, POLÍTICA,
SOCIEDAD"
Edición de César de Vicente Hernando

N° 38 "CAYETANO LUCA DE TENA: ITINERARIOS DE
UN DIRECTOR DE ESCENA (1941-1991)"
de Blanca Baltés

N° 39 "POR UN TEATRO CÍVICO"
de Percy MacKaye
Edición de Manuel F. Vieites

N° 40 "LA DANZA ESPAÑOLA Y
LA NARRATIVA ESCÉNICA"
de Inés Hellín Rubio

N° 41 "ADRIÀ GUAL. TEORÍA ESCÉNICA"
Edición de Carles Batlle y Enric Gallén.
(Coedición ADE / Institut del Teatre)

N° 42 "EL BALLET ROMÁNTICO EN EL TEATRO DEL
CIRCO DE MADRID (1842-1850)"
de Laura Hormigón

N° 43 "ADOLFO MARSILLACH: ESCENIFICAR
A LOS CLÁSICOS (1986-1994)"
de Mariano de Paco Serrano

N° 44 "EL ACTOR BORBÓNICO (1700-1831)"
de Joaquín Álvarez Barrientos

N° 45 "LA TEORÍA DRAMÁTICA. UN VIAJE A TRAVÉS
DEL PENSAMIENTO TEATRAL"
de Jaume Melendres
(Coedición ADE / Institut del Teatre / Dantzerti)

Serie: «Laberinto de Fortuna»

Nº 2 "UN OTOÑO EN VENECIA"
de Juan Antonio Hormigón
Prólogo de René Andioc

Nº 3 "LA MIMÓGRAFA"
de N. E. Rétif de la Bretonne
Edición de Lydia Vázquez

Nº 4 "POESÍA ROMÁNTICA INGLESA.
ANTOLOGÍA BILINGÜE"
Edición de Antonio Ballesteros González

Nº 5 "EL PORNÓGRAFO"
de N. E. Rétif de la Bretonne
Edición de Lydia Vázquez. (Edición digital)

Nº 6 "PERROS Y GATOS DEL ROCOCÓ"
de Lydia Vázquez y Juan Ibeas

Nº 7 "LA ACTRIZ"
de Antonio Piazza

Nº 8 "DOS LUCES EN LA ESPESURA"
de Juan Antonio Hormigón

Nº 9 "MI GRAN CARTA"
del Marqués de Sade
Edición de Lydia Vázquez (Edición bilingüe)

Nº 10 "ESAS MUJERES DE MAYO DEL 68"
de Lydia Vázquez, Nadia Brouardelle,
Juan Manuel Ibeas y Beatriz Onandía